pou

poulet

Sara Lewis

marabout

Publié pour la première fois en Grande-Bretagne en
2009 sous le titre *200 chicken dishes*.

Traduit de l'anglais par Christine Chareyre.
Mise en pages : les PAOistes.

ISBN : 978-2-501-06217-6
Dépôt légal : juin 2009
40.2106.9 / 01
Imprimé en Espagne par Quebecor-Cayfosa

sommaire

introduction

Apprécié aux quatre coins du monde depuis des millénaires, le poulet se décline aujourd'hui sous diverses appellations, strictement réglementées selon le mode d'élevage et l'âge d'abattage, du poulet industriel, le moins cher, au poulet de Bresse, le plus onéreux, en passant par le poulet Label Rouge et le poulet bio.

En France et dans d'autres pays, le poulet est une des viandes les moins chères. Ce produit de consommation courante, vendu entier ou en découpes, se prête à tous les modes de cuisson : il se déguste rôti, sauté, grillé, frit, poché ou encore poêlé. S'il figure régulièrement à notre menu, nous manquons souvent d'imagination pour le cuisiner, nous contentant de reproduire les quelques recettes que nous connaissons par cœur. Pourtant, la préparation du poulet offre des possibilités insoupçonnées : plats simples ou raffinés, traditionnels, novateurs ou exotiques. Et parmi les 200 recettes de ce livre, nul doute que vous trouverez de quoi enrichir votre répertoire culinaire.

Les recettes ont été regroupées en chapitres pour faciliter votre choix en fonction des circonstances – en-cas léger, repas entre amis ou dîner en famille. Si vous êtes pressé, choisissez des plats dont la préparation et la cuisson n'excèdent pas 30 minutes, tels le poulet au gingembre et nouilles sautées (voir page 20), les rouleaux de poulet grillé aux légumes (voir page 56) ou encore le poulet au poivre et aux aubergines (voir page 140). Pour concocter un dîner sans vous compliquer la vie, essayez le poulet *all'arrabbiata* (voir page 84), le poulet grillé aux cornilles (voir page 116) ou les pavés de poulet thaïs au sésame (voir page 118). Si vous préférez jouer la carte de la tradition, laissez-vous séduire par les boulettes de poulet au lard et à la sauge (voir page 130) ou par le gratin de poulet (voir page 132).

Vous pouvez également opter pour un plat au four, nécessitant peu de préparation et peu de surveillance durant la cuisson, vous laissant ainsi le loisir de vaquer à d'autres occupations. Nous vous conseillons par exemple le ragoût de poulet aux boulettes (voir page 96), enrichi de légumes et d'orge braisés à la bière, ou le ragoût de poulet au boudin noir (voir page 120), d'inspiration écossaise, recouvert de rondelles de pommes de terre.

Pour une soirée décontractée entre amis, rien de tel que des plats qui peuvent se préparer à l'avance et se réchauffer à la dernière minute, comme le poulet *mole poblano* (voir page 154), spécialité mexicaine au chocolat, ou les lasagnes au poulet et aux champignons (voir page 164). À moins que vous ne préfériez impressionner vos convives avec des mets tels que le poulet rôti en croûte de sel servi avec une sauce au poivron rouge (voir page 172), ou le poulet surprise à l'italienne (voir page 184), poulet entier désossé et farci d'un délicieux mélange de basilic, tomates séchées et olives. Pour un déjeuner dominical, vous n'avez que l'embarras du choix entre les nombreuses variantes du poulet rôti, idéales en toutes saisons.

Un chapitre regroupe des recettes qui permettent de tirer parti des restes d'un poulet entier, y compris de la carcasse, pour ne rien gaspiller – de la soupe de poulet aux épinards (voir page 218) à la salade de poulet à l'avocat (voir page 228) ou

les feuilletés de poulet au fromage et au chutney de tomates (voir page 230).

Ce florilège de recettes venues du monde entier, de la Thaïlande aux Caraïbes en passant par l'Italie, apportera sur votre table des saveurs inattendues, qui surprendront agréablement vos convives.

Conseils d'hygiène alimentaire :
- Emballez soigneusement le poulet cru dans le réfrigérateur pour éviter que le jus n'entre en contact avec les autres aliments.
- Recouvrez le poulet cuit pour qu'il ne se dessèche pas.
- Utilisez des planches et des couteaux différents pour préparer le poulet cru et le poulet cuit, ainsi que pour la viande et les légumes.
- Faites décongeler le poulet surgelé dans le réfrigérateur. Mettez-le à température ambiante 1 à 2 heures seulement avant le début de la cuisson.
- Des aliments cuits ne doivent être réchauffés qu'une seule fois ; vérifiez qu'ils sont bien chauds uniformément.
- Le poulet cru décongelé ne peut être recongelé que s'il a été cuit et mis à refroidir au préalable. Le poulet cuit décongelé ne doit pas être recongelé.
- Pour transporter du poulet cuit, destiné à un pique-nique ou à un repas pris sur le pouce, munissez-vous d'un sac isotherme dans lequel vous glisserez un pain de glace.

préparer un bouillon de poule

En cuisine, on ne jette rien, alors pourquoi ne pas réaliser vous-même vos bouillons de poule ? Moins salés que ceux proposés dans le commerce, ils permettent de tirer parti avantageusement de la carcasse de la volaille. Si vous ne pouvez pas le préparer dès que vous avez consommé votre plat, enveloppez la carcasse dans un sachet pour la congeler et l'utiliser ultérieurement. La recette ci-dessous permet d'obtenir 1,5 l de bouillon.

la carcasse entière d'un poulet rôti
   ou poché
2 l d'**eau froide**
1 **gros oignon** coupé en quatre,
   avec la première pelure
2 **carottes** coupées en grosses
   rondelles
2 **branches de céleri** émincées
   grossièrement
1 petit bouquet d'**herbes fraîches
   mélangées** ou 1 **bouquet garni**
grains de poivre

Mettez la carcasse du poulet dans une cocotte avec l'eau. Ajoutez l'oignon, les carottes, le céleri, les herbes et quelques grains de poivre. Portez à ébullition, couvrez en partie la cocotte et laissez frémir 2 heures. Filtrez la préparation, puis laissez refroidir. Ce bouillon se conserve 2 à 3 jours au réfrigérateur. Si la carcasse n'a pas été préalablement congelée, vous pouvez la stocker au congélateur, dans un récipient en plastique ou un sachet congélation.

préparer un poulet

Avant de cuisiner un poulet – et plus particulièrement s'il est emballé dans du film alimentaire –, rincez-le soigneusement à l'eau froide, égouttez-le, puis essuyez-le avec du papier absorbant. Dans le cas d'un poulet entier, lavez bien l'intérieur, en retirant les abats si nécessaire.

Si vous utilisez du poulet surgelé, faites-le décongeler entièrement au préalable. Évitez de le plonger dans de l'eau chaude pour accélérer le processus. Laissez-le immergé dans un bain d'eau froide que vous changerez plusieurs fois, ou faites-le décongeler dans le four à micro-ondes.

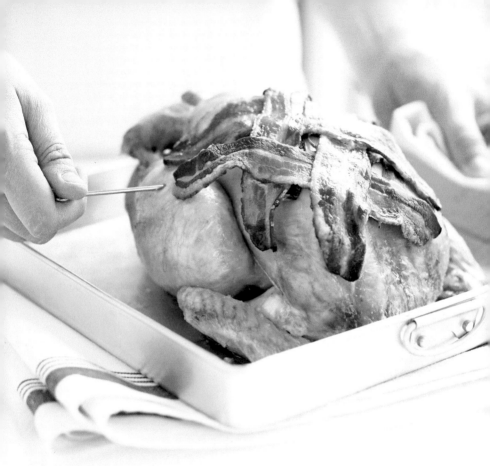

la cuisson du poulet

Le poulet doit toujours être servi bien cuit. Pour vérifier la cuisson, enfoncez un petit couteau ou une pique dans la partie la plus charnue d'une découpe ou, dans le cas d'un poulet entier, dans la cuisse jusqu'à la poitrine. Le jus doit être incolore. S'il est légèrement rosé, poursuivez la cuisson et vérifiez de nouveau 15 minutes après pour un poulet rôti. Pour du poulet poêlé ou grillé, vérifiez toutes les 5 minutes.

découper un poulet cru

Cette opération est plus facile qu'il n'y paraît. Il suffit de se munir d'un couteau bien affûté et de localiser les jointures au toucher, avant de trancher pour détacher les morceaux. Cette technique est valable pour toutes les volailles : poulet, dinde, pintade, canard et autres.

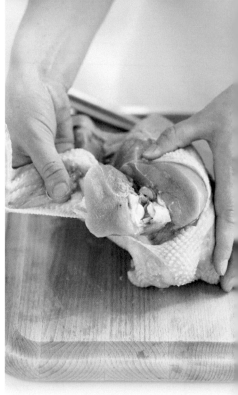

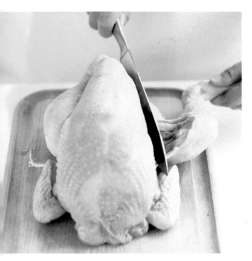

1 Coupez les ficelles et posez le poulet sur le dos, sur la planche à découper. Écartez délicatement une cuisse. Incisez la peau entre le corps et la cuisse, puis coupez jusqu'à la jointure. Faites pivoter la cuisse pour déboîter l'os et tranchez pour détacher la cuisse. Procédez de même avec l'autre cuisse.

2 Pour retirer les ailes, maintenez l'une des deux ailes le long du corps, de sorte que les deux parties de l'épaule soient bien visibles. Incisez la peau, puis tranchez pour détacher l'aile. Glissez l'aileron sous l'épaule, en forme de triangle. Procédez de même avec l'autre aile.

3 Fendez la carcasse en coupant autour des blancs, avec des ciseaux à volaille ou de bons ciseaux de cuisine. Coupez la cage thoracique pour séparer le dos de la poitrine. Procédez de même de l'autre côté.

4 Coupez au milieu des deux blancs avec des ciseaux à volaille, des ciseaux de cuisine solides ou un bon couteau. Glissez un couteau sous la chair de part et d'autre du bréchet pour dégager les deux blancs désossés, ou tranchez le bréchet avec un grand couteau pour obtenir des blancs avec os. Pour obtenir un suprême, laissez l'aile attachée à l'étape 2, mais coupez à la première articulation pour éliminer l'aileron.

13

5 Pour séparer le pilon du haut-de-cuisse, posez une cuisse la peau vers le haut. Faites pivoter légèrement le pilon pour localiser la jointure, puis tranchez. Procédez de même avec l'autre cuisse.

6 Vous obtenez ainsi 2 pilons, 2 hauts-de-cuisses, 2 ailes et 2 blancs. Réservez la carcasse pour préparer un bouillon. Dans le cas d'un petit volatile, laissez le pilon et le haut-de-cuisse attachés.

préparer un poulet
ou un coquelet en crapaudine

Cette technique consiste à fendre le volatile, puis à l'aplatir pour qu'il cuise plus rapidement. Elle est tout indiquée pour la cuisson au barbecue et sous le gril, ou même pour le rôtissage.

2 Retournez le volatile. Appuyez dessus avec la paume de la main pour l'aplatir.

1 Posez le poulet ou le coquelet sur la poitrine, sur une planche à découper, et coupez les ficelles. Partagez le volatile en deux, avec des ciseaux à volaille ou de bons ciseaux de cuisine.

3 Coupez l'extrémité des pilons et glissez les ailerons sous le volatile. Retirez les morceaux de peau arrachés, puis piquez une longue brochette en métal ou en bois dans chaque cuisse, jusqu'à l'aile opposée, pour maintenir le poulet à plat pendant la cuisson.

découper un poulet rôti

Un couteau et une fourchette à découper sont indispensables pour cette opération. Choisissez un couteau à lame longue et souple, et une fourchette aux dents rapprochées. Affûtez le couteau avant et pendant le travail, à l'aide d'une pierre à affûter ou, si vous préférez, d'un affûteur manuel ou électrique (il en existe de nombreux modèles dans le commerce). Découpez les portions au fur et à mesure de vos besoins, en procédant d'un côté du poulet, puis de l'autre. Si le poulet est farci, retirez la farce avec une cuillère.

1 Posez le poulet sur le dos, sur une grande planche à découper. En le maintenant avec la fourchette, incisez la peau entre la poitrine et une cuisse. Écartez la cuisse pour localiser la jointure, puis coupez pour dégager la première cuisse.

2 Pour retirer l'aile du même côté du poulet, incisez la peau entre la poitrine et l'aile. Écartez l'aile pour localiser la jointure, puis coupez pour dégager l'aile.

16

3 En procédant toujours du même côté du poulet et en maintenant bien le volatile avec la fourchette, découpez le blanc en fines tranches, en biais.

4 Séparez le pilon du haut-de-cuisse, et découpez la chair en fines tranches, parallèlement à l'os.

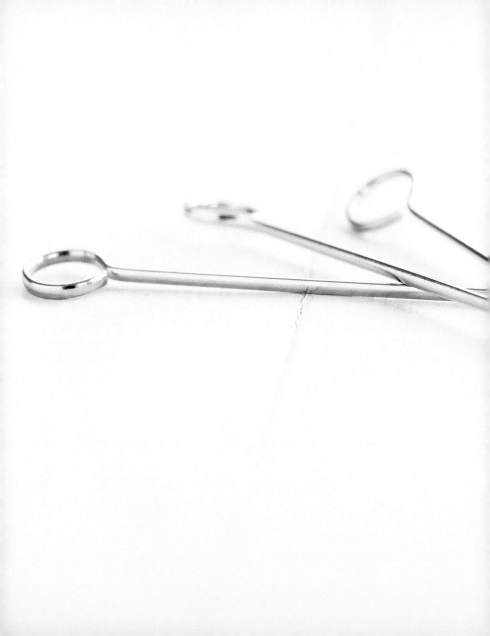

déjeuners légers

poulet au gingembre et nouilles sautées

Pour **4 personnes**
Préparation **10 minutes**
Cuisson **12 à 15 minutes**

2 c. à c. d'**huile de sésame**
2 c. à c. d'**huile
de tournesol**
2 **blancs de poulet** coupés
en cubes
2 **gousses d'ail** pilées
2 à 3 cm de **gingembre**
pelé et finement râpé
300 g de **légumes
croquants, cuits au wok**
50 g de **cacahuètes
salées** hachées
400 g de **nouilles fraîches
aux œufs cuites**
2 c. à s. de **sauce
de piment doux**
3 c. à s. de **sauce de soja**
2 c. à c. de **sauce
de poisson** (facultatif)
feuilles de **coriandre**
pour décorer

Faites chauffer l'huile de sésame et l'huile de tournesol dans un wok ou une grande poêle pour faire dorer le poulet 5 minutes. Parfumez avec l'ail et le gingembre, et remuez 1 minute.

Incorporez les légumes et faites-les sauter 3 minutes. Ajoutez les cacahuètes, les nouilles, puis poursuivez la cuisson 2 à 3 minutes. Versez la sauce de piment, la sauce de soja, éventuellement la sauce de poisson. Laissez chauffer encore 1 minute. Dressez dans des assiettes ou des bols et décorez de feuilles de coriandre.

Pour une salade de poulet au gingembre et aux germes de soja, faites dorer le poulet comme ci-dessus, puis laissez-le refroidir. Remplacez les légumes et les nouilles par 125 g de germes de soja rincés, mélangés avec des feuilles de laitue coupées en chiffonnade, 1 carotte et 1 courgette grossièrement râpées. Ajoutez le poulet, les cacahuètes, les sauces, et remuez. Décorez de feuilles de coriandre.

sandwichs au poulet

Pour **4 personnes**
Préparation **15 minutes**
Cuisson **5 à 6 minutes**

250 g de **petits blancs
de poulet**
8 c. à c. de **vinaigre
balsamique**
8 **tranches de pain de mie
complet**
6 c. à s. de **yaourt**
½ à 1 c. à c. de **raifort râpé
ou de sauce au raifort**
100 g de **feuilles de salade
et de betterave**
poivre

Mettez le poulet dans un sachet congélation avec la moitié du vinaigre et remuez pour bien imprégner la viande.

Faites chauffer une poêle antiadhésive, puis faites dorer le poulet 3 minutes sur une face. Retournez-le, arrosez-le avec le vinaigre du sachet et laissez-le dorer 2 à 3 minutes sur l'autre face.

Faites griller légèrement les tranches de pain sur les deux faces. Émincez finement le poulet, puis répartissez-le sur 4 tranches de pain. Mélangez le yaourt avec le raifort et un peu de poivre. Ajoutez les feuilles de salade et de betterave, puis remuez.

Déposez la préparation au yaourt sur le poulet, arrosez avec le reste de vinaigre et couvrez avec les autres tranches de pain. Coupez chaque sandwich en deux et servez aussitôt.

Pour des sandwichs au poulet, au citron et à l'ail, mélangez le poulet avec le jus d'½ citron et 1 cuillerée à soupe d'huile d'olive, puis faites-le dorer comme ci-dessus, mais sans l'arroser de vinaigre. Faites griller 8 tranches de pain complet et tartinez-les avec 4 cuillerées à soupe de mayonnaise à l'ail. Répartissez le poulet sur 4 tranches de pain, garnissez avec 2 cœurs de laitues coupés en chiffonnade et 5 cm de concombre détaillés en fines rondelles. Couvrez avec le reste de pain, appuyez délicatement et découpez en triangles.

salade de quinoa au poulet grillé

Pour **4 personnes**
Préparation **25 minutes**
Cuisson **22 minutes**

175 g de **quinoa**
¼ de **concombre**
  coupé en dés
1 **petit poivron vert** évidé,
  épépiné et coupé en dés
6 **oignons blancs** épluchés
  et émincés
125 g de **petits pois**
le jus et le zeste râpé
  d'1 **citron**
2 c. à s. d'**huile d'olive**
1 c. à s. de **harissa**
4 **blancs de poulet**
  émincés
feuilles de menthe ciselées

Assaisonnement
3 c. à s. d'**huile d'olive**
1 c. à s. de **harissa**
le jus et le zeste râpé
  d'1 **citron**
sel

Faites cuire le quinoa 10 minutes dans de l'eau bouillante, ou selon les instructions figurant sur l'emballage. Égouttez-le dans un chinois.

Préparez l'assaisonnement en mélangeant dans un saladier l'huile d'olive, la harissa, le jus et le zeste du citron, un peu de sel. Ajoutez le quinoa chaud et laissez refroidir. Incorporez le concombre, le poivron vert, les oignons et les petits pois.

Mélangez dans un petit saladier le jus et le zeste de citron, l'huile et la harissa, ajoutez le poulet et remuez délicatement. Faites chauffer un gril en fonte (ou une poêle ordinaire), puis faites cuire le poulet 6 minutes en plusieurs fois, en le retournant pour qu'il dore des deux côtés.

Ajoutez la menthe dans la salade de quinoa, garnissez avec le poulet chaud et servez chaud ou froid. Gardez les restes au réfrigérateur pour improviser un repas sur le pouce le lendemain.

Pour du quinoa à la feta, aux amandes et au poulet grillé, mélangez le quinoa chaud avec l'assaisonnement, comme ci-dessus. Remplacez le concombre par 1 poivron rouge épépiné et haché ; les petits pois par 50 g de raisins secs et 75 g d'abricots secs hachés. Ajoutez 100 g de feta égouttée et émiettée, et 50 g d'amandes effilées. Garnissez avec le poulet et servez chaud avec quelques cuillerées de harissa.

brochettes de poulet asiatiques

Pour **4 personnes**
Préparation **5 minutes**
 + marinade
Cuisson **20 minutes**

500 g de **blancs de poulet**
 sans la peau,
 coupés en cubes
le jus et le zeste râpé
 d'1 **citron**
2 c. à c. de **cinq-épices
 chinois**
1 c. à s. de **sauce de soja
 foncée**
un **mélange de légumes**
 (carottes, oignons blancs,
 radis) détaillés en julienne
 pour l'accompagnement
 (facultatif)

Mettez dans un saladier le poulet, le jus et le zeste de citron, le cinq-épices et la sauce de soja. Remuez, couvrez, puis laissez mariner au moins 1 heure au réfrigérateur, et si possible toute la nuit.

Enfilez les morceaux de poulet sur 4 brochettes en bois préalablement passées sous l'eau, en les serrant bien. Faites-les griller 10 minutes sous le gril préchauffé à température moyenne. Retournez les brochettes, arrosez-les avec le reste de marinade, puis prolongez la cuisson de 10 minutes. Servez sur le lit de légumes.

Pour des brochettes de poulet piri-piri, mélangez le jus et le zeste de citron avec 2 cuillerées à soupe d'huile d'olive. Ajoutez 2 cuillerées à café de piri-piri (sauce portugaise), 2 cuillerées à café de purée de tomate et 2 gousses d'ail pilées. Incorporez le poulet, laissez mariner, puis faites griller comme ci-dessus.

poulet teriyaki aux 3 graines

Pour **4 personnes**
Préparation **20 minutes**
  + marinade
Cuisson **16 à 20 minutes**

4 **blancs de poulet**
  d'environ 125 g chacun
2 c. à s. d'**huile**
  de tournesol
4 c. à s. de **sauce de soja**
2 **gousses d'ail** pilées
2 à 3 cm de **gingembre**
  finement râpé
2 c. à s. de **graines**
  de sésame
2 c. à s. de **graines**
  de tournesol
2 c. à s. de **graines**
  de citrouille
le jus de 2 **citrons verts**
100 g de **petites feuilles**
  de salade (roquette,
  mesclun, mâche)
½ **petite laitue iceberg**
  coupée en chiffonnade
50 g de **pousses d'alfalfa**
  ou de **brocoli**

Mettez les blancs de poulet dans un plat. Arrosez-les avec les trois quarts de l'huile et la moitié de la sauce de soja ; ajoutez l'ail et le gingembre. Enrobez le poulet du mélange en le retournant, puis laissez-le mariner 30 minutes.

Faites chauffer une poêle antiadhésive, sortez le poulet de la marinade et faites-le cuire 8 à 10 minutes de chaque côté jusqu'à ce qu'il soit bien coloré. Réservez sur une assiette.

Faites chauffer le reste d'huile dans la poêle, ajoutez les graines et faites-les griller 2 à 3 minutes. Versez le reste de marinade et de sauce de soja. Portez à ébullition, puis ajoutez le jus de citron hors du feu.

Mélangez les feuilles de salade avec les pousses, dressez-les sur les assiettes. Émincez le poulet et posez-le dessus. Versez l'assaisonnement aux graines et au citron avant de servir.

Pour du poulet teriyaki avec une salade asiatique, laissez mariner le poulet comme ci-dessus. Préparez une salade avec 200 g de carottes et 4 oignons blancs coupés en julienne, 6 radis émincés et ½ petit chou chinois détaillé en lanières. Faites revenir le poulet comme ci-dessus. Préparez l'assaisonnement, sans les graines. Émincez le poulet, disposez-le sur la salade et arrosez le tout avec l'assaisonnement chaud.

poulet aux patates douces

Pour **4 personnes**
Préparation **20 minutes**
Cuisson **35 minutes**

4 **patates douces**
   (environ 1,25 kg), grattées
4 **hauts-de-cuisses**
   de poulet sans la peau,
   désossés et coupés
   en morceaux
1 **oignon rouge**
   coupé en quartiers
4 **tomates olivettes**
   concassées
150 g de **chorizo** pelé,
   coupé en rondelles
   ou en dés selon la grosseur
3 **brins de romarin**
   effeuillés
4 c. à s. d'**huile d'olive**
sel et **poivre**

Coupez les patates douces en deux, puis en quartiers. Mettez-les dans un grand plat à rôtir avec le poulet, l'oignon et les tomates. Ajoutez le chorizo et le romarin. Salez et poivrez.

Arrosez avec l'huile, puis faites cuire 35 minutes dans le four préchauffé à 200 °C, en retournant les ingrédients 1 ou 2 fois. Le poulet et les patates douces doivent être bien dorés.

Dressez sur des assiettes et servez sans attendre, éventuellement avec une salade de cresson.

Pour du poulet aux légumes racines et au fenouil, prenez 1,25 kg de pommes de terre à rôtir, de navets et de carottes. Épluchez les navets et les carottes, puis détaillez tous les légumes en quartiers. Mettez-les dans un plat à rôtir avec le poulet, comme ci-dessus. Ajoutez 2 cuillerées à café de graines de fenouil, 1 cuillerée à café de curcuma et 1 cuillerée à café de paprika. Arrosez avec 4 cuillerées à soupe d'huile d'olive, puis faites cuire comme ci-dessus.

salade épicée au poulet et à la mangue

Pour **4 personnes**
Préparation **15 minutes**
Cuisson **5 à 6 minutes**

4 **petits blancs de poulet**
6 c. à c. de **pâte de curry**
   douce
le jus d'1 **citron**
150 g de **yaourt**
1 **mangue**
50 g de **cresson**
½ **concombre** coupé
   en dés
½ **oignon rouge** haché
½ **laitue iceberg**

Émincez les blancs de poulet. Mettez 4 cuillerées à café de pâte de curry et le jus de citron dans un sachet congélation, puis mélangez en malaxant bien. Ajoutez le poulet et secouez bien le sachet.

Faites cuire le poulet 5 à 6 minutes dans un cuit-vapeur (pour vérifier la cuisson, voir page 11).

Pendant la cuisson du poulet, mélangez le reste de pâte de curry avec le yaourt, dans un petit saladier.

Taillez une tranche épaisse de chaque côté de la mangue pour laisser apparaître le noyau. Détachez la chair du noyau, retirez la peau et coupez la chair en dés.

Rincez le cresson à l'eau froide et hachez-le. Ajoutez-le dans l'assaisonnement au yaourt avec le concombre, l'oignon et la mangue. Remuez délicatement.

Coupez la laitue en chiffonnade, puis dressez-la sur des assiettes. Couvrez avec la préparation à la mangue et garnissez avec le poulet chaud.

Pour une salade épicée de poulet aux raisins secs, mélangez la pâte de curry et le yaourt avec 4 cuillerées à soupe de mayonnaise. Ajoutez 500 g de poulet cuit et froid coupé en cubes, et 40 g de raisins de Smyrne. Garnissez avec 25 g d'amandes effilées. Servez sur un lit de salade.

pâtés de foies de poulet aux champignons

Pour **4 personnes**
Préparation **25 minutes**
  + réfrigération
Cuisson **20 minutes**

15 g de **cèpes ou de bolets séchés**
200 ml d'**eau bouillante**
25 g de **beurre**
1 c. à s. d'**huile d'olive**
1 **oignon rouge** grossièrement haché
225 g de **foies de poulet**
2 **gousses d'ail** pilées
2 à 3 **brins de thym** effeuillés
6 c. à s. de **vin rouge**
sel et **poivre**

Garniture
½ **oignon rouge** émincé
feuilles de thym
75 g de **beurre**

Laissez tremper les cèpes 15 minutes dans un peu d'eau bouillante. Faites chauffer le beurre et l'huile dans une poêle, puis faites revenir l'oignon 10 minutes.

Rincez les foies de poulet dans un chinois. Égouttez-les, puis hachez-les grossièrement, en jetant la partie blanche. Ajoutez-les avec l'ail dans la poêle et faites-les sauter 4 à 5 minutes.

Ajoutez les champignons avec leur liquide de trempage, le thym et le vin rouge. Salez et poivrez. Faites cuire 5 minutes à couvert, puis laissez refroidir légèrement.

Mixez la préparation à l'aide d'un robot, jusqu'à ce qu'elle devienne lisse. Dressez-la dans 4 ramequins.

Répartissez l'oignon et le thym. Faites fondre le beurre dans une casserole, puis inclinez-la pour verser le beurre clarifié sur les pâtés. Jetez le petit-lait au fond de la casserole. Couvrez et laissez reposer au moins 3 à 4 heures, au réfrigérateur. Servez avec du pain grillé.

Pour des pâtés de foies de poulet au cognac et aux pistaches, laissez de côté les cèpes. Versez 2 cuillerées à soupe de cognac sur les foies de poulet sautés, et dès que l'alcool bouillonne, faites-le flamber. Remplacez le vin rouge par 150 ml de bouillon de poule (voir page 10) que vous ajoutez avec le thym et 50 g de pistaches émincées. Mixez le tout.

poulet thaï sauce aux noix de cajou

Pour **2 personnes**
Préparation **8 minutes**
Cuisson **9 à 12 minutes**

300 g de **hauts-de-cuisses
de poulet** désossés
et émincés
75 ml de **pâte de curry
rouge thaï**
2 **pitas** ouvertes
horizontalement

Sauce aux noix de cajou
150 g de **noix de cajou**
légèrement grillées
1 c. à c. de **flocons
de piment rouge** écrasés
50 ml de **sauce de soja**
250 ml de **lait de coco**
feuilles de coriandre
+ un supplément
pour décorer
2 c. à s. de **sucre de palme**
ou de **cassonade**
2 c. à s. de **vinaigre de riz**
2 **feuilles de kaffir**
détaillées en lanières

Pour préparer la sauce, mixez finement les noix de cajou à l'aide d'un robot. Mettez-les dans une casserole avec les autres ingrédients de la sauce. Faites épaissir 4 à 5 minutes à feu doux, en remuant pour éviter que la préparation n'attache au fond.

Mélangez les morceaux de poulet avec la pâte de curry rouge, puis enfilez-les sur 4 brochettes en métal.

Faites griller les brochettes 5 à 6 minutes dans un appareil à croque-monsieur, puis réservez sur une assiette.

Lorsque le poulet est refroidi, répartissez les morceaux dans les pitas. Faites griller les pitas 1 à 2 minutes dans l'appareil propre. Le pain doit être croustillant et le poulet bien chaud.

Partagez les pitas en deux, décorez de coriandre et servez aussitôt avec la sauce aux noix de cajou chaude.

Pour du poulet thaï aux courgettes, faites griller les brochettes de poulet comme ci-dessus. Mélangez dans un sachet congélation 1 cuillerée à soupe d'huile de tournesol avec le jus et le zeste râpé d'1 citron vert, 2 cuillerées à soupe de coriandre ciselée, du sel et du poivre. Ajoutez 2 courgettes détaillées en julienne et remuez. Faites dorer la préparation dans l'appareil à croque-monsieur. Dressez sur des assiettes, arrosez avec le reste d'assaisonnement et couvrez avec le poulet. Servez avec du riz.

pitas grillées au poulet et au fenouil

Pour **4 personnes**
Préparation **15 minutes**
Cuisson **9 à 10 minutes**

450 g de **blancs de poulet**
  émincés
1 **bulbe de fenouil** émincé
2 c. à s. d'**huile d'olive**
2 **gousses d'ail** pilées
4 **pitas**
2 **oranges** pelées
  et coupées en quartiers
40 g de **cresson**
sel et **poivre**

Assaisonnement
2 c. à s. de **yaourt**
1 c. à c. de **moutarde**
  à l'ancienne
1 c. à c. de **miel liquide**
sel et **poivre**

Mélangez le poulet et le fenouil avec l'huile, l'ail, du sel et du poivre. Préchauffez un gril en fonte (ou une poêle ordinaire), puis faites chauffer les pitas 1 à 2 minutes en les retournant, jusqu'à ce qu'elles gonflent.
Retirez-les de la poêle et gardez-les au chaud.

Faites griller le poulet et le fenouil 8 minutes dans la poêle, en les retournant 1 fois. Pendant ce temps, préparez l'assaisonnement : mélangez le yaourt avec la moutarde, le miel, du sel et du poivre.

Ouvrez les pitas et garnissez-les avec les quartiers d'orange, le cresson, le poulet et le fenouil.
Versez l'assaisonnement et servez sans attendre.

Pour des pitas au poulet avec une salade de carottes, faites griller le poulet avec l'huile et l'ail comme ci-dessus, mais en laissant le fenouil de côté. Mélangez 2 cuillerées à soupe d'huile d'olive avec 2 cuillerées à café de moutarde à l'ancienne, le jus d'½ orange, du sel et du poivre. Ajoutez 2 carottes râpées, 2 cuillerées à soupe de raisins de Smyrne et quelques feuilles de coriandre ciselées. Garnissez les pitas chaudes avec la préparation et ajoutez le poulet.

poulet à la diable

Pour **4 personnes**
Préparation **10 minutes**
Cuisson **16 à 20 minutes**

8 **hauts-de-cuisses**
  de poulet désossés
feuilles de salade
  pour décorer

Sauce à la diable
2 c. à s. de **moutarde**
6 gouttes de **Tabasco**
2 **gousses d'ail** pilées
1 c. à s. de **sauce de soja**

Faites chauffer un gril en fonte (ou une poêle ordinaire). Retirez la peau des hauts-de-cuisses de poulet, ouvrez-les et dégraissez-les.

Pour préparer la sauce à la diable, mélangez dans un plat la moutarde, le Tabasco, l'ail et la sauce de soja.

Mettez le poulet dans la sauce en l'enrobant soigneusement. Posez-le à plat dans la poêle et faites-le cuire 8 à 10 minutes de chaque côté.

Servez chaud ou froid, avec des feuilles de salade.

Pour du poulet jerk, mélangez 3 cuillerées à soupe de sauce jerk (sauce jamaïquaine) avec le jus et le zeste râpé d'½ orange et 2 gousses d'ail pilées. Enrobez le poulet de la préparation et faites cuire comme ci-dessus. Servez avec du riz ou une salade.

salade chaude de poulet aux anchois

Pour **4 personnes**
Préparation **20 minutes**
Cuisson **10 à 15 minutes**

150 g de **haricots verts**
    coupés en morceaux
1 **petite laitue iceberg**
    coupée en chiffonnade
6 **oignons blancs** émincés
175 g de **tomates cerises**
    coupées en deux
275 g de **poivrons à l'huile**
    en bocal
2 **blancs de poulet**
    coupés en cubes
50 g de **chapelure**
4 **filets d'anchois**
    en conserve, égouttés
    et hachés

Assaisonnement
3 c. à s. d'**huile d'olive**
2 c. à c. de **purée**
    de tomate séchée
4 c. à c. de **vinaigre**
    de vin rouge
sel et **poivre**

Blanchissez les haricots verts 3 à 4 minutes dans de l'eau bouillante, jusqu'à ce qu'ils soient tout juste tendres. Rincez-les à l'eau froide, puis égouttez-les.

Mettez les haricots dans un grand saladier avec les feuilles de laitue, les oignons et les tomates. Coupez les poivrons en dés (réservez l'huile) pour les ajouter dans la salade.

Versez 2 cuillerées à soupe d'huile du bocal de poivrons dans une poêle. Faites-y sauter le poulet 8 à 10 minutes jusqu'à ce qu'il soit doré, puis disposez-le sur la salade. Faites chauffer 1 autre cuillerée à soupe d'huile dans la poêle pour faire dorer la chapelure et les anchois.

Mélangez les ingrédients de l'assaisonnement et versez sur la salade. Ajoutez la chapelure et les anchois avant de servir.

Pour une salade César au poulet, mélangez les haricots verts avec la laitue, 4 œufs durs coupés en quartiers, les oignons et les tomates, plus 4 filets d'anchois hachés. Faites dorer 75 g de pain coupé en petits cubes, dans 2 cuillerées à soupe d'huile d'olive et 25 g de beurre. Mélangez 4 cuillerées à soupe de mayonnaise avec 1 gousse d'ail pilée et le jus d'1 citron vert. Versez sur la salade et remuez. Complétez avec le poulet doré, les croûtons et du parmesan râpé.

salade de poulet estivale

Pour **4 personnes**
Préparation **15 minutes**
Cuisson **45 minutes**

4 **blancs de poulet**
  de 125 g chacun
2 **petits oignons rouges**
2 **poivrons rouges** évidés,
  épépinés et coupés
  en morceaux
1 botte d'**asperges**
  épluchées
200 g de **pommes de terre**
  nouvelles, bouillies
  et coupées en deux
1 bouquet de **basilic**
5 c. à s. d'**huile d'olive**
2 c. à s. de **vinaigre**
  balsamique
sel et poivre

Faites chauffer un gril en fonte (ou une poêle ordinaire), puis faites cuire le poulet 8 à 10 minutes de chaque côté. Retirez-le de la poêle et coupez-le en morceaux.

Détaillez les oignons en quartiers, en gardant la base pour les maintenir. Faites-les dorer 5 minutes de chaque côté dans la poêle, puis réservez.

Faites cuire les morceaux de poivron 8 minutes dans la poêle, uniquement côté peau pour qu'elle noircisse. Réservez, puis faites revenir les asperges 6 minutes.

Mettez les pommes de terre dans un grand saladier. Détaillez les feuilles du basilic, en en réservant quelques-unes pour la décoration. Ajoutez-les dans le saladier avec le poulet et les légumes. Assaisonnez avec l'huile d'olive, le vinaigre balsamique, du sel et du poivre. Remuez et décorez avec les feuilles de basilic.

Pour des tortillas au poulet, préparez la recette comme ci-dessus, en laissant de côté les pommes de terre. Réchauffez 4 tortillas selon les instructions figurant sur l'emballage, puis tartinez-les avec 200 g d'houmous. Mélangez le poulet grillé détaillé en lanières, et les légumes avec 2 cuillerées à soupe d'huile d'olive, le vinaigre balsamique et les feuilles de basilic. Garnissez les tortillas avec la préparation, enroulez-les, coupez-les en deux et servez chaud.

poulet caramélisé
et coleslaw à la pomme

Pour **4 personnes**
Préparation **25 minutes**
Cuisson **15 minutes**

6 c. à s. de **ketchup**
2 c. à s. de **sauce
Worcestershire**
2 c. à s. de **vinaigre
de vin rouge**
2 c. à s. de **cassonade**
2 c. à c. de **moutarde**
12 **ailes de poulet**

Coleslaw à la pomme
1 **pomme** évidée et coupée
en dés
1 c. à s. de **jus de citron**
1 **carotte** grossièrement
râpée
3 **oignons blancs** émincés
200 g de **chou blanc**
émincé
6 c. à s. de **mayonnaise
légère**
sel et **poivre**

Mélangez le ketchup avec la sauce Worcestershire, le vinaigre, la cassonade et la moutarde. Mettez les ailes de poulet sur une plaque de cuisson ou une grille recouverte de papier d'aluminium, puis badigeonnez-les avec la préparation.

Faites cuire les ailes de poulet 15 minutes sous le gril préchauffé ou au barbecue, en les retournant 1 ou 2 fois. Elles doivent être bien colorées (pour vérifier la cuisson, voir page 11).

Pendant ce temps, mélangez les ingrédients de la salade dans un saladier, puis mettez-la dans un récipient de service. Dressez les ailes de poulet sur un plat et servez avec des serviettes en papier.

Pour des ailes de poulet grillées à la chinoise, mélangez 4 cuillerées à soupe de sauce hoisin avec 4 cuillerées à soupe de jus d'orange, 2 cuillerées à soupe de vin de riz chinois ou de xérès sec et 2 cuillerées à soupe de ketchup. Badigeonnez le poulet avec la préparation et faites griller comme ci-dessus.

club sandwich au poulet

Pour **4 personnes**
Préparation **15 minutes**
Cuisson **10 minutes**

4 petits **blancs de poulet**
   émincés
8 **tranches de bacon**
1 c. à s. d'**huile de tournesol**
12 tranches de **pain de mie**
4 c. à s. de **mayonnaise
   légère**
125 g de **bleu d'Auvergne**
   ou de **dolcelatte**,
   coupé en fines tranches
4 **tomates** coupées
   en fines rondelles
40 g de **cresson**

Faites sauter le poulet et le bacon 6 à 8 minutes
dans l'huile, en les retournant 1 ou 2 fois,
jusqu'à ce qu'ils soient dorés.

Faites griller les tranches de pain des deux côtés,
puis tartinez-les avec la mayonnaise. Garnissez
4 tranches de pain avec le poulet et le bacon,
ajoutez le fromage. Couvrez avec 4 tranches de pain,
puis ajoutez les rondelles de tomates et le cresson.
Terminez les sandwichs avec le reste de pain.

Appuyez délicatement sur les sandwichs, puis
coupez-les en 4 petits triangles. Maintenez-les
avec des petites piques en bois et servez aussitôt.

Pour des sandwichs ciabatta au poulet, faites
sauter le poulet dans l'huile comme ci-dessus, mais
sans le bacon. Partagez une ciabatta (pain plat italien)
en deux, horizontalement, et faites griller les faces coupées.
Tartinez une moitié avec 4 cuillerées à café de tapenade
d'olives noires, couvrez avec 2 cuillerées à soupe
de mayonnaise. Ajoutez le poulet, garnissez avec 125 g
de brie coupé en fines tranches, 75 g de tomates séchées
et 40 g de roquette. Couvrez avec l'autre moitié
de la ciabatta et coupez en 4 morceaux. Servez chaud.

poulet au beurre de cacahuète

Pour **4 personnes**
Préparation **5 minutes**
Cuisson **15 à 20 minutes**

4 **blancs de poulet**
    de 125 g chacun
1 c. à s. de **sauce de soja**
2 c. à s. de **beurre**
    de cacahuète
4 c. à s. de **jus de citron**
4 c. à s. d'**eau**
poivre

Décoration
feuilles de coriandre
cacahuètes grillées
    et hachées

Faites chauffer un gril en fonte (ou une poêle ordinaire), puis faites cuire les blancs de poulet 8 à 10 minutes de chaque côté.

Pendant ce temps, faites chauffer à feu doux dans une petite casserole la sauce de soja, le beurre de cacahuète, le jus de citron, l'eau et un peu de poivre. Mélangez bien en rajoutant un peu d'eau si besoin. La sauce doit être liquide, mais elle doit tout de même napper le dos d'une cuillère.

Versez la sauce aux cacahuètes sur le poulet cuit. Décorez de coriandre et de cacahuètes grillées. Servez avec des nouilles aux légumes.

Pour varier l'accompagnement, vous pouvez choisir du riz à l'omelette : faites cuire 250 g de riz long grain pendant 8 minutes dans de l'eau bouillante. Ajoutez 150 g de petits pois et prolongez la cuisson de 2 minutes. Égouttez. Faites chauffer 1 cuillerée à café d'huile de tournesol dans une poêle pour préparer une omelette avec 2 œufs battus. Enroulez l'omelette, détaillez-la en fines lanières et mélangez avec le riz.

bouillon de poulet au miso

Pour **4 personnes**
Préparation **10 minutes**
Cuisson **16 à 18 minutes**

1 c. à s. d'**huile de tournesol**
2 **blancs de poulet**
  coupés en cubes
250 g de **champignons**
  de Paris émincés
1 **carotte** détaillée
  en fins bâtonnets
1 à 2 cm de **gingembre**
  râpé
2 grosses pincées
  de **flocons de piment rouge**
2 c. à s. de **miso de riz brun**
4 c. à s. de **mirin**
  (vin de riz sucré)
  ou de **xérès sec**
2 c. à s. de **sauce de soja**
  claire
1,2 l d'**eau**
2 **pak choï** coupés
  en chiffonnade
4 **oignons blancs** émincés
4 c. à s. de **coriandre**
  ciselée

Faites chauffer l'huile dans une casserole pour y faire dorer le poulet 4 à 5 minutes. Ajoutez les champignons et la carotte, le gingembre, le piment, le miso, le mirin ou le xérès et la sauce de soja.

Versez l'eau et portez à ébullition en remuant. Laissez frémir 10 minutes.

Incorporez le pak choï, les oignons, la coriandre, et prolongez la cuisson de 2 à 3 minutes, jusqu'à ce que le pak choï commence à fondre. Versez dans des bols et servez sans attendre.

Pour une soupe de poulet épicée, faites dorer le poulet dans l'huile, comme ci-dessus. Ajoutez 125 g de champignons émincés et 1 carotte coupée en bâtonnets. Parfumez avec 2 gousses d'ail pilées, 3 cuillerées à café de pâte de curry rouge, 1 cuillerée à soupe de sauce de poisson thaïe et 2 cuillerées à soupe de sauce de soja claire. Versez 1,2 l de bouillon de poule (voir page 10), portez à ébullition et laissez frémir 10 minutes. Incorporez 125 g de petits épis de maïs émincés, 50 g de pois mange-tout émincés, des oignons et de la coriandre, comme ci-dessus. Prolongez la cuisson de 2 à 3 minutes. Versez dans des bols et servez avec des quartiers de citron vert.

tacos de poulet à la salsa verte

Pour **4 personnes**
Préparation **10 minutes**
Cuisson **16 à 20 minutes**

1 c. à s. d'**huile de tournesol**
4 **blancs de poulet**
   de 175 g chacun

Salsa verte
1 **avocat** haché
1 **oignon rouge**
   finement haché
1 à 2 **piments verts
   ou rouges forts,**
   finement hachés
1 **gousse d'ail** pilée
1 bouquet de **coriandre**
   ciselé
4 c. à s. de **jus de citron vert**
4 c. à s. d'**huile d'olive**
sel et **poivre**

Pour servir
16 **tortillas**
150 ml de **crème fraîche**

Faites chauffer un gril en fonte (ou une poêle ordinaire).
Badigeonnez les blancs de poulet d'huile, puis faites-les
cuire 8 à 10 minutes de chaque côté. Détaillez-les
en lamelles.

Pour préparer la salsa, mettez l'avocat dans un saladier
avec l'oignon, les piments, l'ail et la coriandre. Mélangez
en ajoutant le jus de citron et l'huile d'olive. Salez
et poivrez.

Déposez un peu de salsa sur chaque tortilla et couvrez
avec quelques lamelles de poulet. Servez le reste
de salsa séparément, avec un bol de crème fraîche
pour garnir les tacos.

**Pour des patates douces au poulet et à la salsa
de tomates**, grattez et piquez à la fourchette 4 patates
douces moyennes, puis faites-les rôtir 50 à 60 minutes
dans le four préchauffé à 200 °C. Faites cuire le poulet
comme ci-dessus, coupez-le en dés. Préparez la salsa
en remplaçant l'avocat par 2 tomates coupées en dés.
Partagez les patates douces en deux, puis garnissez-
les avec de la crème fraîche, le poulet et la salsa.

fajitas de poulet grillé aux légumes

Pour **4 personnes**
Préparation **5 minutes**
Cuisson **12 à 15 minutes**

4 **blancs de poulet** émincés
   dans la longueur
4 **courgettes** émincées
   dans la longueur
1 **poivron rouge** évidé,
   épépiné et coupé en quatre
1 **poivron jaune** évidé,
   épépiné et coupé en quatre
4 c. à s. d'**huile d'olive**
2 **gousses d'ail** pilées
4 c. à c. de **purée de tomate
   séchée**
4 grandes **tortillas**
200 g de **fromage frais
   à l'ail et aux herbes**
sel et **poivre**

Disposez les blancs de poulet, les courgettes et les poivrons sur une plaque de cuisson ou une grille recouverte de papier d'aluminium.

Mélangez l'huile, l'ail, la purée de tomate, du sel et du poivre, puis versez la préparation sur le poulet et les légumes. Faites cuire 12 à 15 minutes sous le gril, en retournant les ingrédients 1 fois, jusqu'à ce qu'ils soient dorés.

Réchauffez les tortillas selon les instructions figurant sur l'emballage, puis tartinez-les avec le fromage frais. Détaillez les poivrons en lanières, en les pelant éventuellement. Garnissez les tortillas avec le poulet et les légumes. Enroulez-les et coupez-les en deux. Servez chaud.

Pour des rouleaux de poulet à la chinoise, faites griller le poulet après l'avoir enduit du mélange suivant : 2 cuillerées à soupe d'huile de tournesol, 2 gousses d'ail pilées, 2 cuillerées à café de purée de tomate ordinaire et ¼ de cuillerée à café de cinq-épices chinois. Étalez 6 cuillerées à soupe de sauce hoisin sur 4 tortillas chaudes. Garnissez avec le poulet, 1 botte d'oignons blancs émincés, ½ concombre épépiné et détaillé en bâtonnets. Enroulez et coupez en deux comme ci-dessus.

terrine de poulet

Pour **8 personnes**
Préparation **40 minutes**
  + réfrigération
Cuisson **1 h 35**

300 g de **lard fumé
  en longues tranches**
1 c. à s. d'**huile d'olive**
1 **oignon** finement haché
la chair de 8 **saucisses
  de Toulouse** (environ 600 g)
125 g de **foies de poulet**
  coupés en dés
4 **hauts-de-cuisses
  de poulet** sans la peau,
  désossés et coupés en dés
1 **pomme granny-smith**
  évidée et grossièrement
  épluchée
¼ de c. à c. de **muscade**
50 g de **pistaches**
50 g de **chapelure**
4 c. à s. de **xérès sec**
  ou de **cognac**
sel et **poivre**

Tapissez un moule à cake avec du papier sulfurisé. Étalez les tranches de lard les unes à côté des autres pour en garnir le moule (elles doivent déborder de part et d'autre). Recouvrez les extrémités du moule avec des tranches de lard coupées en deux et réservez-en quelques-unes.

Faites chauffer l'huile dans une poêle pour faire blondir l'oignon 5 minutes.

Mélangez dans un grand saladier la chair des saucisses, les foies et les hauts-de-cuisses de poulet, la pomme, la muscade, les pistaches, la chapelure et le cognac ou le xérès. Ajoutez l'oignon, salez et poivrez. Remplissez le moule avec la préparation, en tassant bien.

Recouvrez la préparation avec l'extrémité des tranches de lard, comblez les trous avec les tranches réservées. Couvrez de papier d'aluminium, mettez le moule dans un plat à rôtir et versez de l'eau chaude à mi-hauteur. Faites cuire 1 h 30 dans le four préchauffé à 180 °C (pour vérifier la cuisson, voir page 11).

Videz l'eau du moule. Posez des poids sur la terrine et laissez reposer toute la nuit au réfrigérateur. Démoulez et retirez le papier sulfurisé. Découpez en tranches épaisses et servez avec des radis.

Pour une terrine de poulet aux noix et aux abricots secs, choisissez des saucisses aux herbes et mélangez-les comme ci-dessus, en remplaçant les pistaches par 50 g de noix hachées et 50 g d'abricots secs. Continuez comme ci-dessus.

salade de foies de poulet à la grenade

Pour **4 personnes**
Préparation **10 minutes**
Cuisson **8 à 9 minutes**

125 g d'un **mélange
de jeunes pousses
de salade**
2 **cœurs de laitues**
450 g de **foies de poulet**
50 g de **beurre**
2 c. à s. d'**huile d'olive**
1 **oignon rouge** émincé
2 **gousses d'ail** pilées
4 c. à s. de **cognac**
ou de **vodka**
½ **grenade**
sel et **poivre**

Rincez les feuilles de salade, égouttez-les soigneusement et dressez-les sur les assiettes, en coupant les cœurs de laitues en chiffonnade.

Rincez les foies de poulet, égouttez-les et hachez-les grossièrement, en jetant la partie blanche.

Faites chauffer le beurre et l'huile dans une grande poêle, faites-y revenir l'oignon 5 minutes. Ajoutez les foies de poulet avec l'ail, et faites-les sauter 3 à 4 minutes. Les foies doivent être dorés à l'extérieur, mais rosés au milieu.

Versez l'alcool, et dès qu'il bouillonne, faites-le flamber. Lorsque les flammes commencent à s'éteindre, poivrez et salez généreusement, puis versez sur la salade. Épépinez la demi-grenade. Éparpillez les pépins sur la salade et servez.

Pour des toasts aux foies de poulet, hachez finement l'oignon et les foies de poulet, puis faites-les revenir comme ci-dessus. Garnissez-en 12 tranches de pain grillé, décorez de persil ciselé et de petits cornichons hachés. Servez chaud pour accompagner l'apéritif.

fajitas au poulet grillé

Pour **4 personnes**
Préparation **20 minutes**
+ marinade
Cuisson **16 à 20 minutes**

4 **blancs de poulet**
de 125 g chacun
4 **grandes tortillas**
150 ml de **crème fraîche**
4 **tomates** pelées
et coupées en rondelles
1 **avocat** émincé
4 **oignons blancs** émincés
½ **oignon rouge**
finement haché
tortilla chips
pour accompagner (facultatif)
sel et **poivre**

Marinade
2 c. à s. de **sauce de soja**
3 cm de **gingembre**
finement haché
2 **gousses d'ail** pilées
2 c. à s. d'**huile d'olive**
1 bouquet de **coriandre**
ciselé
1 **piment** haché
2 c. à s. de **jus de citron vert**

Mélangez tous les ingrédients de la marinade
dans un saladier. Ajoutez les blancs de poulet
et laissez-les mariner 2 heures à température ambiante,
ou 24 heures au réfrigérateur.

Faites chauffer un gril en fonte (ou une poêle ordinaire).
Faites cuire les blancs de poulet 8 à 10 minutes
de chaque côté, puis émincez-les.

Réchauffez les tortillas 30 secondes de chaque côté
sous le gril. Garnissez-les avec 1 cuillerée à soupe
de crème fraîche, des morceaux de tomate, d'avocat,
d'oignon blanc et d'oignon rouge.

Ajoutez le poulet, salez et poivrez. Enroulez
les tortillas en serrant bien et coupez-les en deux.
Servez éventuellement avec les chips.

Pour un guacamole, coupez 2 avocats bien mûrs
et ôtez les noyaux. Écrasez la chair avec une fourchette.
Mélangez avec le jus d'1 citron vert, 3 cuillerées
à soupe de coriandre ciselée, 1 tomate pelée et coupée
en dés, éventuellement 1 piment jalapeño finement
haché. Étalez sur les tortillas à la place de la préparation
à la crème fraîche.

brochettes de poulet aux légumes

Pour **4 personnes**
Préparation **10 minutes**
Cuisson **15 minutes**

4 **hauts-de-cuisses de poulet**
  désossés et sans la peau
2 c. à s. de **miel liquide**
2 c. à s. de **moutarde**
  à l'ancienne
1 **courgette** coupée
  en 8 gros morceaux
1 **carotte** coupée
  en 8 gros morceaux

Coupez les cuisses de poulet en morceaux. Mélangez le miel et la moutarde pour en enrober le poulet. Posez-le sur une plaque de cuisson et faites-le cuire 15 minutes dans le four préchauffé à 180 °C. Laissez-le refroidir hors du four.

Enfilez les morceaux de poulet et de légumes sur 8 brochettes de bambou.

Servez en présentant séparément le mélange miel-moutarde. Ces brochettes peuvent être gardées au réfrigérateur jusqu'au lendemain, pour un pique-nique ou un repas sur le pouce.

Pour des brochettes de poulet au miel et à l'ail, mélangez 2 cuillerées à soupe de ketchup avec 2 cuillerées à café de miel liquide, 2 gousses d'ail pilées et 1 cuillerée à soupe d'huile de tournesol. Enrobez le poulet avec le mélange, puis faites-le cuire comme ci-dessus. Enfilez-le sur des brochettes avec 1 poivron rouge évidé, épépiné et coupé en morceaux, et 8 tomates cerises.

salade de poulet à l'estragon et à l'orange

Pour **4 personnes**
Préparation **20 minutes**
  + réfrigération
Cuisson **45 minutes**
  à 1 heure

1 **poulet** d'1,5 kg
1 **oignon** moyen émincé
le jus et le zeste râpé
  d'1 **orange**
1 c. à s. d'**estragon** frais
  haché (ou 1 c. à c.
  d'estragon séché)
1 **feuille de laurier**
1 c. à s. d'**huile d'olive**
½ à 1 c. à s. de **vinaigre**
  de vin blanc
sel et **poivre**

Décoration
1 **petite orange**
  coupée en lamelles
1 petit bouquet de **cresson**
branches d'estragon
  (facultatif)

Mettez dans une grande casserole le poulet, l'oignon, le jus et le zeste d'orange, l'estragon et le laurier. Couvrez d'eau, salez et poivrez. Portez à ébullition, puis laissez frémir 1 heure à 1 h 15 à couvert.

Retirez le poulet de la casserole et laissez-le refroidir. Jetez l'oignon et le laurier. Faites réduire le bouillon à feu vif de manière à en obtenir 150 ml. Laissez-le refroidir avant de le mettre au réfrigérateur.

Détachez la chair du poulet, en jetant la peau. Coupez-la en morceaux et mettez-les dans un saladier.

Retirez la couche de graisse à la surface du bouillon, puis réchauffez-le à feu doux pour le liquéfier. Ajoutez l'huile, le vinaigre, salez et poivrez. Versez cet assaisonnement sur le poulet et remuez délicatement.

Décorez le poulet de morceaux d'orange, de cresson, d'estragon, et servez sans attendre. Cette salade peut également être servie sur un lit de laitue iceberg coupée en chiffonnade.

Pour des tagliatelles au poulet, à l'estragon et à l'orange, versez 150 ml de crème fraîche dans le bouillon froid. Incorporez le poulet en morceaux, puis réchauffez. Ajoutez 25 g de cresson haché et laissez encore 1 minute sur le feu. Mélangez avec des tagliatelles cuites *al dente*.

pain pique-nique au poulet

Pour **12 personnes**
Préparation **20 minutes**
 + marinade et réfrigération
Cuisson **20 minutes**

4 **blancs de poulet**
4 **hauts-de-cuisses**
 de poulet désossés
 et sans la peau
1 c. à s. de **jus de citron**
½ c. à c. de **curcuma**
2 c. à s. d'**huile d'olive**
75 ml d'**eau**
3 c. à s. d'un **mélange**
 d'herbes fraîches
 ciselées
50 g de **pistaches** grillées
 et hachées
1 gros **pain rond**
 au sésame,
 de style oriental
250 g de **pâté de foies**
 de poulet
sel et **poivre**

Badigeonnez le poulet avec le jus de citron, le curcuma et la moitié de l'huile. Salez, poivrez et laissez mariner 1 heure.

Faites chauffer le reste de l'huile dans une poêle pour faire dorer le poulet 5 minutes de chaque côté. Versez l'eau et portez à ébullition. Laissez frémir 15 minutes à couvert, puis laissez refroidir dans la poêle. Réservez le jus de cuisson.

Détaillez le poulet en lamelles puis mélangez-les avec les herbes, les pistaches et le jus réservé.

Coupez la partie supérieure du pain au sésame et retirez la mie, en laissant 2 à 3 cm d'épaisseur sur la base et les parois.

Garnissez le pain avec la moitié du poulet. Étalez le pâté dessus. Couvrez avec le reste de poulet et replacez le couvercle du pain. Enveloppez le pain dans du film alimentaire, posez un poids à la surface et laissez reposer toute la nuit au réfrigérateur. Découpez en portions pour servir.

Pour un couscous au poulet et aux pistaches, laissez mariner le poulet et faites-le cuire comme ci-dessus. Mélangez avec les herbes, les pistaches et le jus de cuisson réservé. Mélangez à part 2 cuillerées à café de harissa et 450 ml d'eau bouillante. Incorporez 200 g de couscous moyen et laissez reposer 5 minutes. Ajoutez le jus d'½ citron, 2 tomates concassées et le poulet. Servez sans attendre.

dîners faciles

caldo verde au poulet

Pour **4 personnes**
Préparation **20 minutes**
Cuisson **45 minutes**

2 c. à s. d'**huile d'olive**
1 **oignon** grossièrement
haché
125 g de **chorizo** pelé,
coupé en rondelles ou
en dés selon la grosseur
8 **hauts-de-cuisses**
de poulet sans la peau,
désossés et coupés
en morceaux
500 g de **pommes**
de terre pelées
et coupées en morceaux
1 **gousse d'ail** pilée
1 c. à c. de **paprika fumé**
750 ml de **bouillon**
de poule (voir page 10)
400 g de **haricots borlotti**
égouttés (haricots italiens
rosés)
125 g de **feuilles**
de chou frisé
croûtons de pain
pour servir
sel et **poivre**

Faites chauffer l'huile dans une cocotte pour
faire revenir l'oignon et le chorizo 5 minutes.
Ajoutez le poulet et faites-le dorer 5 minutes.

Incorporez les pommes de terre, l'ail et le paprika.
Laissez chauffer 1 minute avant d'ajouter le bouillon
et les haricots. Salez et poivrez. Portez à ébullition
et laissez frémir 30 minutes à couvert.

Détaillez le chou en lanières, puis incorporez-le
dans le fond de la cocotte. Faites cuire 3 à 4 minutes.
Servez dans des bols avec des croûtons chauds.

Pour un caldo verde au poulet et au pistou,
remplacez le paprika par 2 cuillerées à café de pesto,
les haricots borlotti par des haricots blancs, et le chou
par 125 g de haricots verts coupés en morceaux.

poulet à la sauge et au citron

Pour **4 personnes**
Préparation **15 minutes**
  + marinade
Cuisson **20 minutes**

4 **blancs de poulet**
  d'environ 150 g chacun
5 c. à s. d'**huile d'olive**
3 c. à s. de **jus de citron**
28 **feuilles de sauge**
3 c. à s. de **beurre**
lentilles cuites
  en accompagnement
sel et **poivre**

Mettez les blancs de poulet dans un plat. Arrosez-les avec 3 cuillerées à soupe d'huile et le jus de citron, ajoutez les feuilles de sauge. Retournez les blancs pour les enrober du mélange, couvrez et laissez mariner 30 minutes.

Épongez les blancs de poulet. Réservez les feuilles de sauge et filtrez la marinade.

Faites chauffer le beurre et le reste d'huile dans une poêle pour faire cuire les blancs de poulet environ 10 minutes à feu moyen. Lorsqu'ils sont dorés, retournez-les, salez, poivrez et ajoutez les feuilles de sauge. Prolongez la cuisson de 10 minutes. Mettez le poulet dans un plat de service, couvrez et gardez au chaud.

Videz la graisse de la poêle et remettez celle-ci sur le feu. Versez la marinade réservée, en grattant les sucs caramélisés au fond de la poêle. Faites réduire le liquide à feu vif pour obtenir une sauce brune. Découpez le poulet en tranches et dressez-les sur les lentilles. Arrosez avec la sauce et décorez de feuilles de sauge.

Remplacer les lentilles par une **purée à l'ail et au citron** en faisant cuire 750 g de pommes de terre dans de l'eau bouillante. Égouttez-les, puis écrasez-les avec 50 g de beurre, le jus et le zeste râpé d'½ citron et 3 gousses d'ail pilées.

poulet mojo

Pour **4 personnes**
Préparation **25 minutes**
  + marinade
Cuisson **10 à 12 minutes**

le jus et le zeste râpé
  d'1 petite **orange**
le jus et le zeste râpé
  d'1 **citron vert**
1 c. à s. d'**huile de tournesol**
1 **gros piment rouge doux**,
  épépiné et finement haché
2 **gousses d'ail** pilées
2 c. à c. de **cassonade**
1 c. à c. de **graines
  de cumin** pilées
4 **blancs de poulet** coupés
  en morceaux
sel et **poivre**
quartiers de **citron**
  pour servir

Guacamole
2 **avocats** bien mûrs
le jus et le zeste râpé
  d'1 **citron vert**
1 petit bouquet
  de **coriandre** ciselé
sel et **poivre**

Mélangez dans un saladier les jus et les zestes de l'orange et du citron, l'huile, le piment, l'ail, la cassonade, le cumin, du sel et du poivre. Trempez le poulet dans ce mélange. Couvrez de film alimentaire, puis laissez mariner au moins 2 heures au réfrigérateur.

Enfilez les morceaux de poulet sur 8 brochettes en bois ou en métal. Faites-les cuire 10 à 12 minutes sous le gril préchauffé, en les retournant plusieurs fois, jusqu'à ce que le poulet soit doré.

Pendant ce temps, préparez le guacamole : coupez les avocats en deux, ôtez les noyaux et videz la chair avec une cuillère. Écrasez-la grossièrement à la fourchette ou au mixeur, avec le jus et le zeste du citron vert. Salez, poivrez, mélangez la moitié de la coriandre.

Dressez les brochettes sur des assiettes garnies avec le reste de coriandre, des quartiers de citron et un peu de guacamole. Présentez séparément des bols de salade et de patates douces rôties.

Pour des rouleaux de poulet au guacamole, détaillez le poulet en lanières et laissez-le mariner comme ci-dessus. Faites-le revenir 6 à 8 minutes dans 1 cuillerée à soupe d'huile de tournesol. Garnissez 4 grandes tortillas avec le poulet, ½ laitue croquante coupée en chiffonnade, 1 oignon rouge émincé et des cuillerées de guacamole. Enroulez en serrant et coupez en deux. Servez chaud.

poulet cacciatore

Pour **4 personnes**
Préparation **10 minutes**
Cuisson **20 minutes**

4 **blancs de poulet**
  d'environ 125 g chacun
500 g de **tomates cerises**
  coupées en deux
1 **oignon rouge** coupé
  en quartiers
2 **gousses d'ail** pilées
2 à 3 **brins de romarin**
  effeuillés
6 c. à s. de **vin rouge**
2 c. à s. de **vinaigre**
  balsamique
250 g de **linguinis**
  ou de **fettucinis sèches**
2 c. à s. de **gruyère râpé**
poivre

Mettez les blancs de poulet dans un plat à four
ou un plat à rôtir, sans les superposer. Ajoutez les tomates,
l'oignon, l'ail et le romarin. Arrosez avec le vin,
le vinaigre, et poivrez.

Faites cuire 20 minutes dans le four préchauffé
à 220 °C. Le poulet et l'oignon doivent être dorés,
et le jus incolore lorsque vous piquez dans la chair
avec une pique ou un couteau.

À mi-cuisson, portez une grande casserole d'eau
à ébullition et faites cuire les pâtes *al dente,*
8 à 10 minutes.

Égouttez les pâtes et remettez-les dans la casserole
vide. Émincez les blancs de poulet pour les ajouter
dans la casserole avec les tomates, l'oignon et le jus
de cuisson. Remuez et dressez sur des assiettes.
Parsemez de romarin et de fromage.

Pour une salade de poulet aux haricots blancs,
faites cuire le poulet avec les autres ingrédients
comme ci-dessus. Remplacez les pâtes par 400 g
de haricots blancs en conserve, égouttés. Laissez
refroidir, puis mélangez avec 40 g d'épinards,
de roquette et de cresson.

poulet au pimenton et aux lentilles

Pour **4 personnes**
Préparation **20 minutes**
Cuisson **20 minutes**

200 g de **lentilles**
3 c. à s. d'**huile d'olive**
6 **hauts-de-cuisses
de poulet** sans la peau,
désossés et coupés
en morceaux
1 **oignon rouge** coupé
en deux et émincé
1 c. à s. de **feuilles
de romarin** hachées
¼ de c. à c. de **paprika
fumé (pimenton)**
250 g de **tomates cerises**
coupées en deux
2 c. à s. de **vinaigre
balsamique**
+ un supplément
125 g de **petites feuilles
d'épinard** rincées
et égouttées
sel et **poivre**

Faites cuire les lentilles 15 à 20 minutes dans
une casserole d'eau bouillante. Pendant ce temps,
faites chauffer 1 cuillerée à soupe d'huile dans
une grande poêle pour faire revenir le poulet et l'oignon
10 minutes.

Ajoutez le romarin, le paprika, et laissez chauffer
1 minute avant d'incorporer les tomates. Salez, poivrez
et prolongez la cuisson de 3 à 4 minutes, en remuant,
jusqu'à ce que les tomates soient tendres.

Égouttez les lentilles dans un chinois. Versez le reste
d'huile et le vinaigre dans la poêle propre, salez,
poivrez et remuez. Remettez les lentilles dans la poêle
et incorporez les épinards. Remuez pendant 1 minute,
jusqu'à ce que les épinards commencent à fondre.

Dressez la préparation aux lentilles et aux épinards
sur des assiettes. Ajoutez la préparation au poulet
et arrosez avec du vinaigre balsamique. Servez
sans attendre.

Pour des rigatonis au poulet et à la crème, laissez
de côté les lentilles. Faites cuire le poulet et l'oignon
comme ci-dessus, en parfumant avec le paprika
et le romarin. Ajoutez les épinards et versez 150 ml
de crème fraîche dès qu'ils commencent à fondre.
Faites cuire 375 g de rigatonis dans de l'eau bouillante.
Égouttez, puis mélangez-les dans la poêle avec
les autres ingrédients. Faites chauffer et servez
dans des assiettes creuses.

poulet aux agrumes
et boulgour aux fruits secs

Pour **4 personnes**
Préparation **25 minutes**
Cuisson **12 à 17 minutes**

1 l de **bouillon de poule**
(voir page 10)
¼ de c. à c. de **cannelle**
¼ de c. à c. de **muscade** ou
de **poivre de la Jamaïque**
250 g de **boulgour**
4 **blancs de poulet**
d'environ 150 g chacun
le zeste râpé d'½ **citron**
le zeste râpé d'½ **orange**
125 g d'**abricots secs**
moelleux
75 g de **dattes** dénoyautées
et hachées
75 g de **raisins de Smyrne**
le jus d'1 **orange**
feuilles de coriandre
ou de **basilic** pour décorer
sel et **poivre**

Versez le bouillon dans la partie inférieure d'un cuit-vapeur. Ajoutez les épices et le boulgour.

Rincez les blancs de poulet à l'eau froide, puis égouttez-les. Mettez-les dans le haut du cuit-vapeur. Parsemez-les des zestes de citron et d'orange, salez et poivrez.

Portez le bouillon à ébullition, posez dessus le haut du cuit-vapeur. Couvrez et faites cuire environ 10 minutes. Retirez le haut du cuit-vapeur et prolongez si besoin la cuisson du boulgour de quelques minutes.

Ajoutez les fruits secs et le jus d'orange dans le boulgour, puis dressez-le sur des assiettes avec un peu de bouillon. Émincez les blancs de poulet, disposez-les sur le boulgour et décorez de coriandre. Servez avec une salade de cresson et de roquette.

Pour une salade de poulet aux agrumes, faites cuire le poulet à la vapeur avec les zestes de citron et d'orange, du sel et du poivre. Laissez refroidir et coupez en dés. Râpez grossièrement 2 carottes, pelez 2 oranges et coupez-les en quartiers, émincez 100 g de dattes dénoyautées. Dressez le tout sur un plat de service avec 1 cœur de laitue coupé en chiffonnade. Mélangez séparément le jus d'½ citron avec 1 cuillerée à café de sucre en poudre, 1 cuillerée à soupe d'eau de fleur d'oranger et un peu de sel. Versez sur la salade et décorez de coriandre.

poulet all'arrabbiata

Pour **4 personnes**
Préparation **20 minutes**
Cuisson **36 minutes**

1 c. à s. d'**huile d'olive**
1 **oignon** grossièrement
  haché
8 **hauts-de-cuisses**
  de poulet sans la peau,
  désossés et coupés
  en morceaux
2 **gousses d'ail** pilées
1 c. à c. de **paprika fumé**
¼ à ½ c. à c. de **flocons**
  de piment rouge
400 g de **tomates**
  concassées
250 ml de **bouillon**
  de volaille (voir page 10)
375 g de **macaronis**
1 grosse poignée
  de **feuilles de roquette**
  pour décorer
parmesan râpé
  ou en copeaux pour servir
sel et **poivre**

Faites chauffer l'huile dans une grande casserole
pour y faire revenir l'oignon 5 minutes. Ajoutez
le poulet et faites-le dorer 5 minutes.

Mélangez l'ail, le paprika, le piment, et laissez chauffer
1 minute. Ajoutez les tomates et le bouillon, salez
et poivrez. Portez à ébullition, puis laissez frémir
25 minutes à couvert.

Pendant ce temps, faites cuire les macaronis
10 à 12 minutes dans une autre casserole d'eau.
Lorsqu'ils sont *al dente*, égouttez-les.

Mélangez les macaronis avec les autres ingrédients
et réchauffez si besoin avant de dresser sur des assiettes.
Décorez de feuilles de roquette et présentez
le parmesan séparément.

Pour du poulet alla puttanesca, laissez de côté
les flocons de piment. Ajoutez 1 poivron rouge évidé,
épépiné et coupé en dés, 2 cuillerées à café de câpres
égouttées et 75 g d'olives vertes et noires marinées.
Mélangez tous les ingrédients avec 375 g de spaghettis
cuits *al dente* et parsemez de parmesan râpé.

poulet thaï au barbecue

Pour **4 à 6 personnes**
Préparation **20 à 25 minutes**
  + marinade
Cuisson **30 à 40 minutes**

1 **poulet** d'1,5 kg
  préparé en crapaudine
  (voir page 15)
5 cm de **galanga**
  pelé et finement haché
4 **gousses d'ail** pilées
1 gros **piment rouge**
  finement haché
4 **échalotes**
  finement hachées
2 c. à s. de **coriandre**
  ciselée
150 ml de **crème de coco**
tiges de ciboule
  pour décorer
quartiers de **citron vert**
  pour servir
sel et **poivre**

Frottez le poulet avec du sel et du poivre, puis mettez-le dans un saladier.

Mixez le galanga avec l'ail, le piment rouge, les échalotes et la coriandre à l'aide d'un robot, jusqu'à obtenir une sorte de pâte, ou pilez-les dans un mortier. Ajoutez la crème de coco et mélangez. Versez la préparation sur le poulet, couvrez et laissez mariner toute la nuit au réfrigérateur.

Retirez le poulet de la marinade, puis faites-le cuire 30 à 40 minutes sur le barbecue, en le retournant et en l'arrosant régulièrement avec le reste de marinade. Pour vérifier la cuisson, enfoncez une pique dans une cuisse : le jus doit être incolore.

Laissez le poulet reposer 5 minutes avant de le découper en morceaux à l'aide d'un couperet. Décorez de tiges de ciboule. Servez avec des quartiers de citron vert, éventuellement une sauce d'accompagnement et du riz gluant. Dégustez le poulet avec les doigts.

Pour une sauce au piment douce, épépinez 15 piments rouges moyens, puis hachez finement la chair en protégeant vos mains avec des gants en plastique. Mettez les piments dans une casserole avec 250 g de sucre en poudre, 150 ml de vinaigre de riz et 150 ml d'eau. Faites dissoudre le sucre à petit feu, puis laissez frémir 20 à 25 minutes jusqu'à obtenir d'un sirop. Servez la sauce en accompagnement de la recette ci-dessus. Ou versez-la dans un bocal stérilisé et gardez-la au réfrigérateur.

poulet à la catalane

Pour **4 personnes**
Préparation **15 minutes**
Cuisson **25 minutes**

2 c. à s. d'**huile d'olive**
40 g d'**amandes effilées**
2 **oignons** grossièrement
   hachés
8 **hauts-de-cuisses**
   de poulet sans la peau,
   désossés et coupés
   en morceaux
2 **gousses d'ail** pilées
100 g de **raisins secs**
200 ml de **xérès sec**
250 ml de **bouillon**
   de poule (voir page 10)
1 petit bouquet
   de **persil** ciselé
sel et **poivre**

Faites chauffer un peu d'huile dans une grande poêle
pour faire dorer les amandes quelques minutes.
Retirez-les de la poêle et réservez.

Versez le reste d'huile dans la poêle, puis faites revenir
les oignons, le poulet et l'ail 10 minutes à feu moyen
(ils doivent être bien colorés). Ajoutez les raisins secs,
le xérès et le bouillon. Salez et poivrez.

Laissez frémir 10 minutes jusqu'à ce que la sauce
réduise légèrement et que le poulet soit bien cuit.
Décorez de persil avant de servir avec du riz
et une salade.

Pour du poulet à la normande, remplacez les raisins
secs par 1 pomme granny smith évidée et coupée
en dés, et 2 cuillerées à café de moutarde ; le xérès
par 200 ml de cidre brut. Complétez de crème fraîche
avant de servir.

brochettes de poulet
et couscous aux fruits secs

Pour **4 personnes**
Préparation **25 minutes**
 + marinade
Cuisson **20 à 25 minutes**

500 g de **blancs de poulet**
2 c. à s. d'**huile d'olive**
2 **gousses d'ail** pilées
½ c. à c. de **cumin**
 en poudre, de **curcuma**
 et de **paprika**
2 c. à c. de **jus de citron**

Couscous
4 c. à s. d'**huile d'olive**
1 petit **oignon**
 finement haché
1 **gousse d'ail** pilée
1 c. à c. de **cumin**
 en poudre, de **cannelle**,
 de **poivre** et de **gingembre**
50 g de **dattes séchées**
50 g d'**abricots secs**
50 g d'**amandes mondées**
 grillées
175 g de **couscous moyen**
600 ml de **bouillon**
 de légumes bouillant
1 c. à s. de **jus de citron**
2 c. à s. de **coriandre** ciselée
sel et **poivre**

Coupez le poulet en longues lanières, puis mettez-le dans un saladier avec l'huile, l'ail, les épices et le jus de citron. Mélangez, couvrez et laissez mariner 2 heures au réfrigérateur. Enfilez les lanières de poulet sur 8 petites brochettes en bois préalablement passées sous l'eau.

Préparez le couscous : faites chauffer la moitié de l'huile dans une casserole pour faire revenir pendant 5 minutes l'oignon, l'ail et les épices. Hachez les fruits secs et les amandes avant de les y ajouter, puis retirez du feu.

Pendant ce temps, mettez les grains de couscous dans un saladier résistant à la chaleur, versez le bouillon, couvrez avec un torchon et laissez gonfler, 8 à 10 minutes, jusqu'à ce que le liquide soit absorbé. Ajoutez le reste d'huile, la préparation aux fruits secs et aux amandes, puis le jus de citron et la coriandre. Salez et poivrez.

Pendant la cuisson du couscous, faites cuire les brochettes de poulet 4 à 5 minutes de chaque côté, sous le gril du four ou sur un gril en fonte. Dressez-les sur des assiettes avec le couscous. Décorez de pépins de grenade, de quartiers de citron et de coriandre.

tagine de poulet rapide

Pour **4 personnes**
Préparation **20 minutes**
Cuisson **55 minutes**

1 c. à s. d'**huile d'olive**
8 **hauts-de-cuisses**
   de poulet sans la peau
1 **oignon** émincé
2 **gousses d'ail** pilées
500 g de **tomates olivettes**
   pelées (facultatif)
   et concassées
1 c. à c. de **curcuma**
1 **bâton de cannelle**
   coupé en deux
2 à 3 cm de **gingembre**
   râpé
2 c. à c. de **miel liquide**
100 g d'**abricots secs**
   moelleux et coupés
   en quatre
200 g de **couscous moyen**
450 ml d'**eau bouillante**
le jus et le zeste râpé
   d'1 **citron**
1 petit bouquet de **coriandre**
   ciselé
sel et **poivre**

Faites chauffer l'huile dans une grande poêle pour faire dorer le poulet des deux côtés. Mettez-le dans un plat à tagine ou une cocotte. Faites blondir l'oignon dans la poêle.

Ajoutez l'ail, les tomates, les épices, le miel et les abricots. Salez, poivrez et laissez chauffer. Versez la préparation sur le poulet, couvrez et faites cuire 45 minutes dans le four préchauffé à 180 °C.

Lorsque le poulet est presque cuit, trempez les grains de couscous 5 minutes dans l'eau bouillante. Ajoutez le jus et le zeste de citron, la coriandre, salez et poivrez. Dressez sur des assiettes, puis garnissez avec le poulet et la préparation aux tomates. Jetez la cannelle.

Pour un ragoût de poulet aux légumes, prenez

4 hauts-de-cuisses de poulet. Ajoutez 1 carotte coupée en dés, 1 poivron rouge évidé, épépiné et coupé en dés, et 150 g de fèves. Remplacez la cannelle par 2 cuillerées à café de harissa et versez 150 ml de bouillon de poule (voir page 10). Faites cuire comme ci-dessus en ajoutant, 15 minutes avant la fin de la cuisson, 100 g de gombos ou de haricots verts coupés en morceaux. Décorez de coriandre ou de menthe ciselée et servez avec du riz.

poulet aux épinards et à la ricotta

Pour **4 personnes**
Préparation **5 minutes**
Cuisson **25 minutes**

4 **blancs de poulet**
  de 125 g chacun
125 g de **ricotta**
125 g d'**épinards** cuits
  et essorés
¼ de c. à c. de **muscade**
8 **tranches de jambon**
  de Parme
2 c. à c. d'**huile d'olive**
  + un supplément
sel et **poivre**

Garniture
quartiers de **citron**
feuilles de roquette

Entaillez les blancs de poulet sur toute leur longueur.

Émiettez la ricotta dans un saladier. Hachez les épinards avant de les mélanger à la ricotta avec la muscade. Salez et poivrez.

Farcissez le poulet avec cette préparation et enroulez 2 tranches de jambon de Parme autour de chaque blanc.

Faites chauffer l'huile dans une poêle allant au four, puis faites sauter les blancs 4 minutes de chaque côté, jusqu'à ce que le jambon commence à dorer. Poursuivez la cuisson 15 minutes dans le four préchauffé à 200 °C. Servez avec des quartiers de citron et des feuilles de roquette arrosées d'huile d'olive.

Pour du poulet à la mozzarella et aux tomates séchées, remplacez la ricotta, les épinards et la muscade par une tranche épaisse de mozzarella et un morceau de tomate séchée, égouttée, pour farcir chaque blanc de poulet. Poivrez généreusement et continuez comme ci-dessus.

ragoût de poulet aux boulettes

Pour **4 personnes**
Préparation **30 minutes**
Cuisson **1 h 15**

8 **hauts-de-cuisses
de poulet** sans la peau
et désossés
1 c. à s. d'**huile de tournesol**
1 **oignon** grossièrement
haché
2 **navets** coupés
en morceaux
2 **carottes** coupées
en morceaux
175 g de **rutabagas** coupés
en morceaux
50 g d'**orge perlé**
350 ml de **bière blonde**
300 ml de **bouillon
de poule** (voir page 10)
2 c. à c. de **moutarde**
sel et **poivre**

Boulettes
175 g de **farine avec levure
incorporée**
75 g de **saindoux**
4 c. à s. de **ciboulette**
ciselée
7 à 8 c. à s. d'**eau froide**
sel et **poivre**

Coupez les hauts-de-cuisses de poulet en deux.
Faites chauffer l'huile dans une cocotte pour faire
revenir le poulet et l'oignon à feu vif. Incorporez
le reste des légumes et faites-les sauter 2 minutes.
Ajoutez l'orge, la bière, le bouillon, la moutarde, du sel
et du poivre. Portez à ébullition, couvrez et faites cuire
1 heure dans le four préchauffé à 180 °C.

Lorsque le poulet est cuit, préparez les boulettes
en mélangeant dans un saladier la farine, le saindoux,
la ciboulette, du sel et du poivre. Ajoutez suffisamment
d'eau pour obtenir une pâte molle et légèrement
collante. Façonnez-la en boulettes.

Remuez le ragoût de poulet avant de le poser sur le feu.
Lorsque le liquide bout, plongez-y les boulettes,
puis laissez frémir 15 minutes à couvert (jusqu'à
ce qu'elles soient légères). Dressez le tout
sur des assiettes creuses.

Pour un ragoût de poulet aux pommes de terre,
remplacez les boulettes par 650 g de pommes de terre
coupées en rondelles, que vous ajoutez sur le ragoût
avant de l'enfourner. Faites cuire 1 heure à couvert.
Répartissez 25 g de beurre à la surface, salez,
poivrez et prolongez la cuisson d'environ 30 minutes,
jusqu'à ce que les pommes de terre soient dorées.

poulet au citron aux spaghettis

Pour **4 personnes**
Préparation **15 minutes**
Cuisson **16 à 20 minutes**

4 **citrons**
4 **blancs de poulet**
  de 125 g chacun
1 bouquet d'**origan frais**
300 g de **spaghettis**
1 bouquet de **persil** ciselé
2 c. à s. d'**huile d'olive**
sel et **poivre**

Émincez 3 citrons et réservez 8 grandes rondelles. Râpez le zeste et pressez le jus du quatrième citron. Réservez.

Ouvrez les blancs de poulet dans le sens de la longueur. Remplissez-les avec les petites tranches de citron, des feuilles d'origan, du sel et du poivre.

Faites chauffer un gril en fonte (ou une poêle ordinaire). Mettez les blancs dans la poêle avec une grande rondelle de citron et un brin d'origan sur chaque face. Faites cuire 8 à 10 minutes de chaque côté, en replaçant bien les rondelles de citron pour que leur parfum imprègne la chair.

Pendant ce temps, faites cuire les spaghettis environ 12 minutes dans de l'eau bouillante salée, ou selon les instructions figurant sur l'emballage. Égouttez soigneusement, puis ajoutez le jus et le zeste de citron, le persil et l'huile d'olive. Salez, poivrez et servez avec le poulet au citron.

Pour un poulet au citron avec une salade de roquette et de lentilles, remplacez les spaghettis par 175 g de lentilles, cuites 15 à 20 minutes à feu doux dans une casserole d'eau bouillante. Faites cuire le poulet avec les rondelles de citron et l'origan, comme ci-dessus. Ajoutez dans les lentilles le jus et le zeste d'1 citron, l'huile d'olive, du sel et du poivre. Remplacez le persil par 40 g de roquette et servez avec le poulet.

poulet à la moutarde et aux pommes de terre

Pour **4 personnes**
Préparation **20 minutes**
    + repos
Cuisson **30 minutes**

2 c. à s. de **vinaigre
    de xérès**
1 c. à s. d'**huile de tournesol**
1 c. à s. de **miel liquide**
2 c. à c. de **moutarde
    à l'ancienne**
¼ de c. à c. de **curcuma**
4 **blancs de poulet**
    de 150 g chacun
650 g de **pommes de terre
    nouvelles**
5 c. à s. de **crème fraîche**
50 g de **feuilles d'épinard,**
    de **roquette** et de **cresson**
    hachées
sel et **poivre**

Mélangez le vinaigre, l'huile, le miel, la moutarde
et le curcuma dans un plat à four. Salez et poivrez.
Ajoutez le poulet et enrobez-le du mélange.
Laissez reposer 10 minutes.

Retournez le poulet puis faites-le cuire, dans le même
plat, 30 minutes dans le four préchauffé à 200 °C.
Arrosez-le de sauce à mi-cuisson et couvrez-le
si besoin de papier d'aluminium.

Pendant la cuisson du poulet, faites cuire les pommes
de terre coupées en deux, 15 minutes dans de l'eau.
Égouttez-les, puis écrasez-les grossièrement avec
une fourchette. Mélangez-y la crème fraîche
et les feuilles de salade. Salez, poivrez et réchauffez.

Lorsque le poulet est cuit (pour vérifier la cuisson,
voir page 11), dressez les pommes de terre sur
des assiettes et ajoutez le poulet en l'arrosant
avec le reste de sauce.

Pour du poulet à la confiture d'orange, mélangez
2 cuillerées à soupe de confiture d'orange avec 2 à 3 cm
de gingembre pelé et râpé, 2 gousses d'ail pilées,
1 cuillerée à café de moutarde, le jus d'½ orange
et 1 cuillerée à soupe d'huile de tournesol. Enrobez
le poulet du mélange et faites-le cuire comme ci-dessus.
Servez avec des pommes de terre nouvelles écrasées,
mélangées avec de la crème fraîche.

poulet à la sichuanaise

Pour **4 personnes**
Préparation **5 minutes**
  + marinade
Cuisson **16 à 20 minutes**

3 c. à s. de **sauce de soja**
2 c. à s. de **xérès sec**
1 c. à c. de **vinaigre de riz**
3 cm de **gingembre** pelé
  et finement haché
1 **gousse d'ail** pilée
1 c. à s. de **pâte de piment chinoise**
½ c. à c. de **grains de poivre du Sichuan** moulus
1 c. à s. d'**huile de sésame foncée**
4 **blancs de poulet** de 125 g chacun
coriandre ciselée
  pour la décoration

Mélangez tous les ingrédients, sauf le poulet, dans un saladier pour préparer une marinade. Ajoutez les blancs de poulet, enrobez-les soigneusement de marinade et laissez-les reposer 2 heures à température ambiante.

Faites chauffer un gril en fonte (ou une poêle ordinaire) pour faire cuire le poulet 8 à 10 minutes de chaque côté. Décorez de coriandre. Servez avec des nouilles soba et des pleurotes.

En accompagnement, vous pouvez servir des **légumes au sésame**. Pour cela, faites dorer 2 cuillerées à soupe de graines de sésame dans 1 cuillerée à café d'huile de tournesol. Ajoutez 1 cuillerée à soupe de sauce de soja, couvrez et retirez du feu. Lorsque le liquide ne bouillonne plus, mettez les graines dans un plat. Rincez 400 g de légumes chinois, détaillez-les en larges lanières et faites-les sauter dans 1 cuillerée à soupe d'huile avec 2 gousses d'ail pilées. Décorez de graines de sésame avant de servir.

bâtonnets de poulet pânés à la polenta

Pour **4 personnes**
Préparation **20 minutes**
Cuisson **15 minutes**

250 g de **polenta précuite**
8 c. à s. de **parmesan râpé**
2 **œufs**
4 **blancs de poulet** émincés
   en morceaux d'épaisseur
   égale
50 g de **tomates séchées**
   à l'huile émincées
300 g de **tomates cerises**
   coupées en deux
3 c. à s. d'**huile d'olive**
2 c. à c. de **pesto vert**
800 ml d'**eau**
125 ml de **crème fraîche**
feuilles de basilic
   pour la décoration
sel et **poivre**

Mélangez 50 g de polenta avec 2 cuillerées à soupe de parmesan, sur une assiette. Battez les œufs dans un petit saladier. Enrobez les tranches de poulet des œufs, puis du mélange polenta-parmesan. Réservez sur une assiette.

Mettez les tomates séchées dans un plat à four. Couvrez avec les tomates fraîches. Ajoutez 1 cuillerée à soupe d'huile, le pesto, du sel et du poivre. Faites griller 5 minutes.

Faites cuire la polenta dans l'eau bouillante, dans une casserole antiadhésive, sans cesser de remuer. Lorsqu'elle a épaissi, mélangez le reste de parmesan, salez et poivrez généreusement. Réservez.

Faites chauffer le reste d'huile dans une poêle pour faire sauter le poulet 8 à 10 minutes, jusqu'à ce qu'il soit doré. Réchauffez la polenta en incorporant la crème fraîche et en mouillant si besoin avec de l'eau.

Dressez la polenta sur des assiettes, couvrez avec les tomates et disposez le poulet dessus. Décorez de feuilles de basilic.

croquettes de poulet à l'asiatique

Pour **4 personnes**
Préparation **15 minutes**
Cuisson **16 minutes**

575 g de **poulet haché**
1 **tige de citronnelle**
  finement hachée
2 **feuilles de kaffir**
  finement hachées
5 cm de **gingembre** pelé
  et finement haché
2 **piments verts**
  finement hachés
2 **gousses d'ail** pilées
1 **œuf** battu
1 c. à s. de **graines
  de sésame** grillées
**confiture de piment
  et de gingembre**
  (voir page 174)
  en accompagnement

Mettez le poulet dans un grand saladier avec la citronnelle, les feuilles de kaffir, le gingembre, les piments et l'ail (il doit être presque réduit en pâte). Ajoutez l'œuf battu et les graines de sésame. Mélangez avec les mains.

Faites chauffer un gril en fonte (ou une poêle ordinaire). Partagez la préparation en 24 portions et façonnez-les en croquettes. Faites-les cuire 8 minutes de chaque côté.

Servez les croquettes avec de la confiture de piment et de gingembre et une salade composée de nouilles de riz, cacahuètes hachées, oignon émincé, germes de soja et coriandre ciselée.

Pour varier l'accompagnement, vous pouvez réaliser une **salade de légumes chinois aux germes de soja**. Pour cela, mélangez dans un saladier 4 cuillerées à soupe d'huile de tournesol, 2 cuillerées à soupe de vinaigre de riz, 2 cuillerées à soupe de sauce de soja claire et 2 cuillerées à café de sauce de poisson. Ajoutez 400 g de légumes chinois détaillés en lanières, 100 g de germes de soja rincés et égouttés, 4 oignons blancs émincés, 250 g de carottes coupées en bâtonnets, 50 g de cacahuètes salées hachées et 2 cuillerées à soupe de menthe ciselée. Mélangez.

brochettes de poulet satay

Pour **4 personnes**
Préparation **30 minutes**
 + marinade
Cuisson **16 minutes**

4 **blancs de poulet** coupés
 en fines tranches
2 **gousses d'ail** pilées
2 c. à s. de **sauce de soja
 claire**
2 c. à s. de **jus de citron**
6 cm de **gingembre** pelé
 et râpé
1 c. à s. d'**huile de tournesol**
2 **échalotes** ou ½ **oignon**
 émincés
1 **gousse d'ail** émincée
1 petit **piment thaï fort**
 émincé
4 c. à s. de **beurre
 de cacahuète croustillant**
200 ml de **lait de coco**
2 c. à c. de **sauce
 de poisson**

Mélangez le poulet avec l'ail pilé, la sauce de soja, le jus de citron et la moitié du gingembre, puis laissez mariner 30 minutes.

Faites chauffer l'huile dans une casserole pour faire revenir les échalotes ou l'oignon. Ajoutez l'ail émincé, le piment, le reste du gingembre, et laissez chauffer 1 minute avant d'ajouter le reste des ingrédients. Laissez frémir 5 minutes.

Enfilez les tranches de poulet repliées sur elles-mêmes sur 12 brochettes en métal. Faites cuire 10 minutes sous le gril, en retournant les brochettes 1 ou 2 fois, jusqu'à ce que le poulet soit doré. Décorez de quartiers de citron vert et servez avec la sauce, du riz et une salade.

Pour une salade de concombre à la thaïe, faites chauffer 4 cuillerées à soupe de vinaigre de riz dans une casserole avec 4 cuillerées à soupe de sucre en poudre et ½ à 1 piment rouge thaï émincé. Lorsque le sucre est dissous, faites bouillir 1 minute. Ajoutez ½ concombre coupé en fines rondelles et laissez refroidir.

poulet laqué au cinq-épices

Pour **4 personnes**
Préparation **20 minutes**
Cuisson **40 à 45 minutes**

2 **oignons rouges** coupés
en quartiers
2 c. à s. d'**huile de tournesol**
4 **hauts-de-cuisses**
de poulet
4 **pilons de poulet**
4 **prunes rouges** coupées
en deux et dénoyautées
3 c. à s. de **gelée**
de groseille
1 c. à s. de **vinaigre**
de vin rouge
2 c. à s. de **sauce**
de soja foncée
½ c. à c. de **cinq-épices**
150 ml d'**eau**
100 g de **pak choï**

Enrobez les quartiers d'oignons d'1 cuillerée à soupe d'huile, dans un plat à rôtir. Faites 2 ou 3 incisions sur les morceaux de poulet avant de les mettre dans le plat avec les prunes.

Chauffez la gelée de groseille avec le vinaigre, la sauce de soja et le cinq-épices dans une petite casserole, jusqu'à ce que la gelée fonde. Badigeonnez le poulet avec cette sauce, en en réservant environ un tiers. Versez l'eau autour du poulet, sans l'asperger, pour éviter que la sauce ne brûle au fond du plat.

Faites cuire 40 à 45 minutes dans le four préchauffé à 190 °C, en arrosant le poulet avec le reste de sauce pendant la cuisson (pour vérifier la cuisson, voir page 11).

Faites chauffer le reste d'huile dans une poêle pour faire sauter le pak choï 2 à 3 minutes. Lorsqu'il est tendre, ajoutez-le dans le plat à rôtir.

Dressez sur des assiettes et servez avec du riz.

Pour un poulet rôti au vinaigre balsamique, enrobez les oignons d'1 cuillerée à soupe d'huile d'olive. Ajoutez le poulet comme ci-dessus, mais remplacez les prunes par 275 g de carottes. Mélangez 3 cuillerées à soupe de vinaigre balsamique avec 3 cuillerées à soupe de vin blanc, 1 cuillerée à soupe d'huile d'olive et 1 cuillerée à soupe de miel liquide pour remplacer la sauce à la groseille. Badigeonnez le poulet avec cette préparation et ajoutez 4 feuilles de laurier. Faites cuire comme ci-dessus, avec de l'eau.

burgers de poulet grillé

Pour **4 personnes**
Préparation **20 minutes**
Cuisson **12 à 20 minutes**

625 g de **poulet haché**
1 **échalote** finement hachée
1 petit bouquet de **thym**
  effeuillé + un supplément
  pour décorer
1 c. à c. de **sauce**
  Worcestershire
3 gouttes de **Tabasco**
2 **jaunes d'œuf**
1 **ciabatta** (pain plat italien)
moutarde
mayonnaise
2 **tomates** coupées
  en rondelles
feuilles de salades
  mélangées
sel et **poivre**

Mettez le poulet dans un grand saladier. Ajoutez l'échalote, le thym, la sauce Worcestershire, le Tabasco et les jaunes d'œuf. Salez, poivrez et mélangez.

Faites chauffer un gril en fonte (ou une poêle ordinaire). Partagez la préparation au poulet en 4 portions, avec les mains. Façonnez-les en pavés, puis faites-les cuire 6 à 10 minutes de chaque côté, selon l'épaisseur.

Coupez la ciabatta en deux horizontalement et faites griller les 2 moitiés sous le gril préchauffé. Partagez chaque moitié en deux. Tartinez les morceaux avec de la moutarde et de la mayonnaise. Couvrez avec les rondelles de tomate et les feuilles de salade. Ajoutez les pavés de poulet et décorez de thym.

Pour des burgers à la méditerranéenne, laissez de côté la sauce Worcestershire. Ajoutez 40 g d'olives noires dénoyautées et hachées, et 50 g de tomates séchées égouttées. Façonnez des pavés, faites cuire et servez comme ci-dessus, sans tartiner la ciabatta de moutarde.

gnocchis de poulet à la crème

Pour **4 personnes**
Préparation **15 minutes**
Cuisson **14 à 16 minutes**

2 c. à s. d'**huile d'olive**
1 **oignon** émincé
500 g de **chair de courge
butternut** épépinée
et coupée en dés
125 g de **lardons fumés**
450 g de **petits blancs
de poulet** coupés en dés
12 **feuilles de sauge**
300 ml de **bouillon
de poule** (voir page 10)
500 g de **gnocchis**
6 c. à s. de **crème fraîche**
4 c. à s. de **parmesan râpé**
sel et **poivre**

Faites chauffer l'huile dans une cocotte pour faire dorer 5 minutes l'oignon, la courge et les lardons. Ajouter le poulet, la sauge, et faites-les revenir 5 minutes.

Versez le bouillon, salez, poivrez, puis prolongez la cuisson de 2 à 3 minutes.

Faites cuire les gnocchis 2 à 3 minutes dans une grande casserole d'eau bouillante, jusqu'à ce qu'ils remontent à la surface. Égouttez-les, puis ajoutez-les dans la cocotte avec la crème fraîche et remuez délicatement. Dressez sur des assiettes ou dans des bols et parsemez de parmesan.

Pour un risotto au poulet, à la courge et à la sauge,

mélangez 200 g de riz pour risotto dans la préparation au poulet. Versez 150 ml de vin blanc sec et 1 l de bouillon de poule chaud en 3 fois, en attendant que le liquide soit absorbé par le riz à chaque fois. Laissez frémir 20 minutes à découvert, en remuant de temps en temps, jusqu'à ce que le riz soit tendre. Dressez dans des bols et parsemez de parmesan.

poulet grillé aux cornilles

Pour **4 personnes**
Préparation **30 minutes**
Cuisson **40 minutes**

4 **hauts-de cuisses
de poulet**
4 **pilons de poulet**
1 c. à c. de **graines de cumin**
1 c. à c. de **graines de fenouil**
1 c. à c. de **feuilles de thym**
¼ de c. à c. de **cannelle
en poudre**
½ c. à c. de **paprika fumé**
1 c. à s. d'**huile de tournesol**
1 c. à s. de **purée de tomate**
1 c. à s. de **vinaigre**
2 c. à s. de **cassonade**
2 c. à s. de **jus d'ananas**
(voir ci-dessous)

Salade de cornilles
225 g d'**ananas en boîte**
coupé en morceaux
(réserver le jus)
400 g de **cornilles en boîte**
égouttées (haricots blancs
à œil noir)
quelques feuilles
de **coriandre** ciselées
½ **oignon rouge**
finement haché
1 **poivron rouge** évidé,
épépiné et coupé en dés
le jus et le zeste râpé
d'1 **citron vert**

Faites 2 ou 3 incisions dans les morceaux de poulet avant de les mettre dans un plat à rôtir. Écrasez grossièrement les graines, puis mélangez-les avec les 8 autres ingrédients. Badigeonnez le poulet de cette préparation.

Versez 4 cuillerées à soupe d'eau dans le plat à rôtir, autour du poulet, puis faites-le cuire 40 minutes dans le four préchauffé à 180 °C, en l'arrosant 1 ou 2 fois avec la sauce. La cuisson est terminée lorsque le poulet est bien coloré et le jus incolore (voir page 11).

Pendant ce temps, préparez la salade de cornilles : versez le reste de jus d'ananas dans un saladier. Ajoutez les morceaux d'ananas et les autres ingrédients. Mélangez, puis dressez sur des assiettes avec le poulet.

Pour un poulet grillé au riz et aux petits pois, faites cuire le poulet comme ci-dessus. Portez à ébullition 1 l de bouillon de poule (voir page 10) et 400 ml de lait de coco, dans une casserole. Ajoutez 200 g de riz blanc long grain, rincé à l'eau froide et égoutté, et 400 g de haricots rouges en boîte égouttés. Laissez frémir 8 minutes, incorporez 125 g de petits pois et couvrez d'eau bouillante. Prolongez la cuisson de 2 minutes, puis servez avec le poulet.

pavés de poulet thaïs au sésame

Pour **4 personnes**
Préparation **15 minutes**
  + réfrigération
Cuisson **10 minutes**

4 **oignons blancs**
15 g de **coriandre**
  + un supplément
  pour décorer
500 g de **poulet haché**
3 c. à s. de **graines
  de sésame** grillées
1 c. à s. de **sauce
  de soja claire**
3 à 4 cm de **gingembre** râpé
1 **blanc d'œuf**
1 c. à s. d'**huile de sésame**
1 c. à s. d'**huile de tournesol**
**sauce de piment thaïe
  douce** en accompagnement
feuilles d'oignon blanc
  pour décorer

Hachez finement les oignons et la coriandre, à l'aide d'un robot ou d'un couteau. Mélangez avec le poulet, les graines de sésame, la sauce de soja, le gingembre et le blanc d'œuf.

Partagez la préparation en 20 portions sur une planche à découper, puis façonnez-les en forme de pavés avec les mains humides. Laissez reposer au moins 1 heure au réfrigérateur.

Faites chauffer l'huile de sésame et l'huile de tournesol dans une grande poêle. Faites-y frire les pavés 10 minutes, en les retournant 1 ou 2 fois, jusqu'à ce qu'ils soient dorés. Dressez-les sur un plat de service avec un petit bol de sauce au piment. Décorez de feuilles de coriandre et de feuilles d'oignon.

Vous pouvez servir en accompagnement une **poêlée de légumes au piment**. Pour cela, faites chauffer 2 cuillerées à café d'huile de sésame dans la poêle où les pavés ont cuit. Faites sauter 2 à 3 minutes 250 g de légumes spécial wok. Lorsqu'ils sont bien chauds, mélangez 2 cuillerées à soupe de sauce de soja claire et 1 cuillerée à soupe de sauce de piment thaïe douce. Servez avec les pavés de poulet.

ragoût de poulet au boudin noir

Pour **4 personnes**
Préparation **20 minutes**
Cuisson **2 heures**

4 pilons et hauts-de-cuisses
  de poulet
2 c. à s. de **farine**
1 c. à s. d'**huile de tournesol**
2 **oignons** émincés
50 g de **beurre**
1 kg de **pommes de terre**
  coupées en fines rondelles
1 **pomme** évidée
  et coupée en dés
125 g de **boudin noir** pelé
  et coupé en dés
450 ml de **bouillon**
  de poule (voir page 10)
sel et **poivre**

Enrobez le poulet de farine, salez et poivrez.

Faites chauffer l'huile dans une grande poêle pour faire blondir les oignons 5 minutes. Ajoutez les résidus de farine puis retirez les oignons de la poêle et réservez.

Faites chauffer la moitié du beurre dans la poêle pour faire dorer le poulet des deux côtés. Garnissez le fond d'une cocotte de rondelles de pommes de terre, ajoutez la moitié des oignons, puis les morceaux de poulet. Couvrez avec la pomme et le boudin noir, répartissez dessus le reste des oignons. Disposez le reste de rondelles de pommes de terre à la surface, en les faisant se chevaucher. Versez le bouillon, salez et poivrez.

Couvrez la cocotte et faites cuire 1 h 30 dans le four préchauffé à 180 °C. Retirez le couvercle pour ajouter le reste de beurre. Prolongez la cuisson de 30 minutes, jusqu'à ce que les pommes de terre soient dorées. Servez dans des assiettes creuses.

Pour un ragoût de poulet aux lardons et à la sauge, laissez de côté le boudin noir et la pomme. Faites revenir avec les oignons 125 g de lardons. Ajoutez 2 à 3 branches de sauge dans la cocotte avec le poulet.

burgers de poulet à l'italienne

Pour **4 personnes**
Préparation **15 minutes**
   + réfrigération
Cuisson **10 à 13 minutes**

500 g de **poulet haché**
2 **gousses d'ail** pilées
4 **oignons blancs**
   finement hachés
2 c. à c. de **pesto**
1 **jaune d'œuf**
1 c. à s. d'**huile de tournesol**
4 **petits pains ronds**
2 c. à s. de **mayonnaise**
40 g de **roquette,**
   de **cresson** et de **feuilles**
   d'épinard
50 g de **tomates séchées**
   à l'huile, égouttées
   et émincées
sel et **poivre**

Mettez le poulet dans un saladier avec l'ail, les oignons, le pesto et le jaune d'œuf. Salez, poivrez et mélangez. Façonnez 4 pavés et laissez-les reposer 1 heure au réfrigérateur.

Faites chauffer l'huile dans une poêle antiadhésive pour faire cuire les pavés 10 à 13 minutes, en les retournant 1 ou 2 fois, jusqu'à ce qu'ils soient bien dorés.

Partagez les petits pains en deux et faites griller légèrement le côté coupé. Tartinez-les avec la mayonnaise avant d'ajouter les feuilles de salade et les morceaux de tomate sur une moitié de chaque pain. Posez les pavés et recouvrez avec les autres moitiés de pain. Servez avec des frites.

Pour des burgers de poulet au curry, remplacez le pesto par 2 cuillerées à café de pâte de curry forte et 2 cuillerées à soupe de coriandre ciselée. Faites cuire la préparation comme ci-dessus et servez dans des naans (pains indiens) chauds, garnis de feuilles de salade et de chutney de mangue.

poulet tikka masala

Pour **4 personnes**
Préparation **20 minutes**
Cuisson **20 minutes**

25 g de **beurre**
4 **blancs de poulet**
  coupés en cubes
1 **oignon** coupé en quatre
3 à 4 cm de **gingembre**
  émincé
3 **gousses d'ail** émincées
1 **piment rouge fort**
  (avec les graines) émincé
1 c. à c. de **graines
de cumin** pilées
1 c. à c. de **graines
de coriandre** pilées
1 c. à c. de **curcuma**
1 c. à c. de **paprika**
2 c. à c. de **garam masala**
300 ml de **bouillon
de poule** (voir page 10)
150 ml de **crème fraîche**
4 c. à s. de **coriandre**
  ciselée + un supplément
  pour décorer
le **jus d'**½ à 1 **citron**

Faites chauffer le beurre dans une casserole pour faire revenir le poulet 3 minutes. Hachez finement l'oignon, le gingembre, l'ail et le piment à l'aide d'un robot ou d'un couteau. Ajoutez dans la casserole et faites sauter le tout 5 minutes.

Ajoutez les épices, puis prolongez la cuisson de 3 à 4 minutes. Lorsque les ingrédients sont bien colorés, versez le bouillon, la crème fraîche, et laissez frémir 10 minutes, en remuant de temps à autre.

Ajoutez la coriandre, le jus de citron, et laissez chauffer 1 minute. Décorez de coriandre avant de servir avec du riz et du pain naan (pain indien).

Pour du poulet tikka, mélangez le poulet en cubes avec le jus d'½ citron et ¼ de cuillerée à café de sel. Ajoutez 150 g de yaourt, 3 à 4 cm de gingembre râpé, 3 gousses d'ail pilées et 1 piment rouge finement haché. Parfumez avec les épices comme ci-dessus, puis ajoutez 4 cuillerées à soupe d'huile de tournesol. Laissez mariner toute la nuit au réfrigérateur. Mettez le poulet sur une plaque de cuisson recouverte de papier d'aluminium, puis faites cuire 15 minutes dans le four préchauffé à 220 °C, en retournant le poulet et en l'arrosant à mi-cuisson avec le reste de marinade. Servez avec une salade.

poulet balti aux épices entières

Pour **4 personnes**
Préparation **20 minutes**
Cuisson **38 à 40 minutes**

1 **oignon** coupé en quatre
2 à 3 cm de **gingembre**
   émincé
3 **gousses d'ail**
2 c. à s. d'**huile de tournesol**
8 **hauts-de-cuisses**
   de poulet sans la peau,
   désossés et coupés
   en cubes
1 c. à c. de **graines**
   de cumin pilées
1 **bâton de cannelle** coupé
   en deux
8 **gousses de cardamome**
   pilées
6 **clous de girofle**
½ c. à c. de **curcuma**
1 c. à c. de **flocons**
   de piment rouge
400 g de **tomates**
   concassées en boîte
600 ml de **bouillon**
   de poule (voir page 10)
1 petit bouquet
   de **coriandre**
25 g d'**amandes effilées**
   grillées, pour décorer

Hachez finement l'oignon avec le gingembre et l'ail, à l'aide d'un robot ou d'un couteau. Faites chauffer l'huile dans une casserole moyenne pour faire dorer le poulet 5 minutes. Ajoutez l'oignon et faites sauter le tout 2 à 3 minutes.

Incorporez les épices, les flocons de piment, et laissez chauffer 1 minute avant d'ajouter les tomates et le bouillon. Portez à ébullition, puis laissez frémir 30 minutes à couvert, en remuant de temps à autre.

Hachez grossièrement la coriandre pour l'incorporer dans la préparation. Laissez encore 1 minute sur le feu, puis dressez dans des assiettes creuses. Décorez d'amandes grillées, servez avec du riz et du pain naan (pain indien).

Pour du poulet balti aux champignons et aux épinards, remplacez les épices et les flocons de piment par 2 cuillerées à soupe de pâte de curry balti moyennement forte. Ajoutez 125 g de champignons de Paris émincés, puis faites cuire comme ci-dessus. Incorporez 150 g de feuilles d'épinard avec la coriandre, en fin de cuisson, et laissez-les fondre.

poulet laqué au sirop d'érable

Pour **4 personnes**
Préparation **15 minutes**
Cuisson **40 à 45 minutes**

4 **pilons** et **hauts-de-cuisses
de poulet**
2 **pommes** évidées
et coupées en quatre
250 g d'**échalotes** pelées
(coupées en deux
pour les plus grosses)
625 g de **navets** coupés
en quatre
6 **feuilles de laurier**
2 c. à s. d'**huile d'olive**
2 c. à s. de **sirop d'érable**
2 c. à s. de **vinaigre de cidre**
sel et **poivre**

Faites 3 à 4 incisions dans les morceaux de poulet,
puis mettez-les dans un grand plat à rôtir avec
les pommes, les échalotes, les navets et le laurier.

Mélangez séparément les autres ingrédients pour
en enduire le poulet et les légumes. Versez 4 cuillerées
à soupe d'eau dans le plat, le long des parois. Faites
cuire 40 à 45 minutes dans le four préchauffé à 190 °C,
en arrosant le poulet 1 ou 2 fois de sauce jusqu'à ce
qu'il soit bien doré (pour vérifier la cuisson, voir page 11).

Dressez sur des assiettes et servez avec une salade
de roquette.

Pour du poulet à la mangue, remplacez les pommes
par 1 petite mangue pelée, dénoyautée et coupée en
tranches épaisses. Remplacez le sirop d'érable par
2 cuillerées à soupe de chutney de mangue mélangées
à la préparation à l'huile et au vinaigre. Faites cuire comme
ci-dessus. Mélangez séparément 150 g de yaourt avec
3 cuillerées à soupe de coriandre ciselée et 1 cuillerée
à soupe de chutney de mangue. Servez avec le poulet.

boulettes de poulet au lard et à la sauce

Pour **4 personnes**
Préparation **30 minutes**
+ réfrigération
Cuisson **20 minutes**

125 g de **champignons de Paris** émincés
2 **tranches de lard fumé** hachées
500 g de **poulet haché**
2 c. à s. de **sauge** hachée
1 **jaune d'œuf**
2 c. à s. d'**huile de tournesol**
2 **oignons** émincés
2 c. à c. de **sucre en poudre**
2 c. à s. de **farine**
450 ml de **bouillon de poule** (voir page 10)
sel et **poivre**

Mélangez les champignons et le lard avec le poulet, puis incorporez la sauge et le jaune d'œuf. Salez, poivrez et façonnez une vingtaine de boulettes. Laissez reposer 30 minutes au réfrigérateur.

Faites dorer les boulettes 5 minutes dans 1 cuillerée à soupe d'huile, puis mettez-les dans un plat à rôtir. Faites cuire 15 minutes dans le four préchauffé à 190 °C.

Pendant ce temps, faites revenir les oignons dans le reste d'huile, dans la poêle propre. Lorsqu'ils commencent à dorer, saupoudrez-les de sucre et prolongez la cuisson de 5 minutes, en remuant (les oignons doivent être bien colorés).

Ajoutez la farine et versez progressivement le bouillon. Salez, poivrez et portez à ébullition. Laissez épaissir 2 à 3 minutes à feu doux. Ajoutez les boulettes en remuant délicatement pour les napper de sauce. Dressez sur des assiettes et servez avec une purée de pommes de terre, des petits pois et des haricots verts.

Pour des boulettes de poulet sauce moutarde, faites cuire les boulettes dans le four comme ci-dessus. Faire revenir 1 oignon haché dans 50 g de beurre, sans le laisser dorer. Ajoutez 40 g de farine, versez progressivement 450 ml de bouillon de poule. Incorporez 3 cuillerées à café de moutarde et ½ cuillerée à café de curcuma. Salez, poivrez, laissez frémir et continuez comme ci-dessus.

gratin de poulet

Pour **4 personnes**
Préparation **25 minutes**
Cuisson **35 minutes**

1 c. à s. d'**huile de tournesol**
4 **hauts-de-cuisses**
  de poulet sans la peau,
  désossés et coupés en dés
1 **oignon** haché
2 c. à s. de **farine**
450 ml de **bouillon**
  de poule (voir page 10)
2 c. à c. de **moutarde**
1 **grosse carotte** coupée
  en dés
750 g de **pommes de terre**
  coupées en quatre
150 g de **courgettes**
  coupées en dés
75 g de **pois gourmands**
  coupés en deux
75 g de **petits pois**
40 g de **beurre**
3 c. à s. de **lait**
75 g de **gruyère râpé**
sel et **poivre**

Faites chauffer l'huile dans une casserole pour faire dorer le poulet et l'oignon pendant 5 minutes. Ajoutez la farine et versez progressivement le bouillon. Portez à ébullition, puis ajoutez la moutarde et la carotte. Salez, poivrez et laissez frémir 30 minutes à couvert.

Pendant ce temps, faites cuire dans une casserole d'eau bouillante les pommes de terre et, dans une autre casserole d'eau bouillante, les courgettes, les pois gourmands et les petits pois pendant 3 minutes. Égouttez et réservez.

Égouttez les pommes de terre, puis écrasez-les avec deux tiers du beurre et le lait. Salez, poivrez et mélangez avec les deux tiers du fromage.

Mettez la préparation au poulet dans un plat à gratin de 1,5 l ou bien dans 4 plats individuels. Ajoutez les légumes et couvrez avec la purée de pomme de terre. Répartissez le reste de beurre et de fromage à la surface. Faites dorer sous le gril et servez sans attendre.

Pour un gratin de poulet au lard, faites dorer 4 tranches de lard hachées avec le poulet et l'oignon. Remplacez les courgettes, les pois gourmands et les petits pois par 125 g de maïs. Égouttez avant d'ajouter sur le poulet. Terminez la recette comme ci-dessus.

foies de poulet et ragoût de pancetta

Pour **4 personnes**
Préparaton **15 minutes**
Cuisson **16 à 17 minutes**

400 g de **tagliatelles**
1 c. à s. d'**huile d'olive**
4 **hauts-de-cuisses**
  de poulet sans la peau,
  désossés et coupés en dés
1 **oignon** haché
75 g de **pancetta** coupée
  en dés
125 g de **foies de poulet**
2 **gousses d'ail** pilées
150 ml de **vin rouge**
125 ml de **bouillon**
  de poule (voir page 10)
4 c. à c. de **purée**
  de tomate séchée
quelques brins de **basilic**
parmesan râpé
sel et **poivre**

Faites cuire les tagliatelles 8 à 10 minutes dans une grande casserole d'eau bouillante, puis égouttez-les dans une passoire.

Pendant ce temps, faites chauffer l'huile dans une grande poêle pour faire revenir 10 minutes le poulet, l'oignon et la pancetta. Hachez les foies, en jetant la partie blanche, puis ajoutez-les dans la poêle avec l'ail et faites-les sauter 3 minutes.

Versez le vin rouge, le bouillon et la purée de tomate. Salez, poivrez et faites cuire 3 à 4 minutes à feu vif, jusqu'à ce que la sauce réduise légèrement. Hachez la moitié du basilic pour l'ajouter dans la préparation, puis laissez cuire 1 minute.

Mélangez les tagliatelles avec la préparation au poulet et réchauffez si besoin. Dressez sur des assiettes, décorez avec le reste de basilic et parsemez de parmesan.

Pour du poulet aux noix, remplacez les foies de poulet par 50 g de noix grossièrement hachées. Mélangez avec du persil ciselé et décorez avec quelques feuilles de persil.

poulet Maryland et beignets de banane

Pour **4 personnes**
Préparation **25 minutes**
Cuisson **20 minutes**

50 g de **farine**
¼ de c. à c. de **moutarde
en poudre**, de **curcuma**
et de **piment de Cayenne**
8 **pilons de poulet**
4 c. à s. de **lait**
4 c. à s. d'**huile de tournesol**
200 g de **maïs**
4 c. à s. de **crème fraîche**
4 c. à s. d'**eau**
4 **oignons blancs** hachés
1 **poivron rouge** évidé,
épépiné et coupé en dés
persil haché pour décorer
sel

Beignets de banane
1 **petite banane** bien mûre
125 g de **farine avec levure
incorporée**
2 **œufs**
½ c. à c. de **flocons
de piment rouge**
150 ml de **lait**
sel et **poivre**

Mélangez sur une assiette la farine, la moutarde, le curcuma, le piment de Cayenne et 1 pincée de sel. Mouillez le poulet avec le lait, puis enduisez-le de la préparation aux épices.

Faites chauffer 3 cuillerées à soupe d'huile dans une poêle pour faire dorer le poulet. Mettez-le dans un plat à rôtir et faites-le cuire 20 minutes dans le four préchauffé à 200 °C (pour vérifier la cuisson, voir page 11).

Pendant ce temps, mélangez dans une casserole le maïs, la crème fraîche, l'eau, les oignons et le poivron rouge. Laissez frémir 5 minutes à couvert. Réservez.

Préparez les beignets : écrasez la banane sur une assiette, puis mélangez-la dans un saladier avec la farine, les œufs et les flocons de piment. Salez, poivrez et versez progressivement le lait jusqu'à obtenir une pâte lisse. Faites chauffer le reste d'huile dans la poêle propre, versez des cuillerées de pâte et faites frire à feu moyen jusqu'à ce que le dessous soit doré. Retournez les beignets et laissez-les dorer de l'autre côté. Gardez au chaud.

Réchauffez la préparation au maïs avant de la mettre dans des bols. Dressez séparément le poulet et les beignets et décorez de persil.

brochettes de poulet des Caraïbes

Pour **4 personnes**
Préparation **30 minutes**
  + marinade
Cuisson **35 à 40 minutes**

4 c. à s. de **jus d'ananas**
  (voir ci-dessous)
1 c. à s. de **ketchup**
1 c. à c. de **paprika**
½ c. à c. de **cannelle**
1 grosse pincée de **poivre
  de la Jamaïque**
4 **blancs de poulet**
  coupés en cubes
1 **poivron rouge** évidé,
  épépiné et coupé
  en morceaux
1 **poivron orange** évidé,
  épépiné et coupé
  en morceaux

Salsa
220 g de **tranches d'ananas
  en boîte**, égouttées
  (réserver le jus)
2 **tomates** coupées en dés
100 g de **maïs**
½ **piment rouge** épépiné
  et finement haché (facultatif)
1 à 2 cm de **gingembre**
  finement haché
feuilles de coriandre
  ciselées

Mélangez le jus d'ananas avec le ketchup et les épices dans un saladier. Ajoutez le poulet et remuez. Laissez mariner au moins 30 minutes.

Pendant ce temps, préparez la salsa : détaillez les tranches d'ananas en menus morceaux, puis mettez-les dans un saladier avec les tomates et le maïs. Incorporez le piment, le gingembre et la moitié de la coriandre.

Enfilez les morceaux de poivron sur 12 brochettes en bois ou en métal, en les alternant avec les morceaux de poulet. Éparpillez le reste de coriandre sur les brochettes. Faites-les griller 10 à 12 minutes sous le gril préchauffé, en les retournant plusieurs fois, jusqu'à ce qu'elles soient bien dorées.

Servez les brochettes avec du riz complet et des cuillerées de salsa.

En accompagnement, vous pouvez servir une **salade de riz caribéenne** : faites cuire 200 g de riz complet 25 à 30 minutes dans une casserole d'eau bouillante. Égouttez le riz, rincez-le à l'eau froide, puis égouttez-le de nouveau. Mélangez-le avec 150 à 175 g de poulet cuit coupé en dés, 4 cuillerées à soupe de noix de coco râpée, 1 poivron rouge épépiné et coupé en dés et la salsa.

poulet au poivre et aux aubergines

Pour **4 personnes**
Préparation **15 minutes**
Cuisson **15 minutes**

2 c. à s. d'**huile de tournesol**
6 **hauts-de-cuisses
  de poulet** sans la peau,
  désossés et coupés
  en cubes
1 **grosse aubergine**
  coupée en dés
1 **oignon rouge** émincé
2 **gousses d'ail** pilées
2 c. à s. de **pâte de curry
  moyennement forte**
½ c. à c. de **grains
  de poivre noir** pilés
quelques **feuilles
  de coriandre** pour décorer

Faites chauffer l'huile dans une grande poêle, puis faites revenir le poulet et l'aubergine environ 5 minutes. Lorsque l'aubergine commence à s'attendrir, ajoutez l'oignon et l'ail. Poursuivez la cuisson 5 minutes en remuant, jusqu'à ce que l'oignon et le poulet commencent à dorer.

Incorporez la pâte de curry, les grains de poivre, et faites sauter le tout 5 minutes jusqu'à ce que le poulet soit bien coloré (pour vérifier la cuisson, voir page 11). Décorez de coriandre hachée et servez sans attendre avec une salade de tomates, du yaourt et du riz.

Pour du poulet au curry et aux légumes, choisissez une petite aubergine plutôt qu'une grosse, puis ajoutez, avec l'oignon et l'ail, 1 courgette coupée en dés et 1 poivron vert épépiné et coupé en dés. Incorporez 100 g d'épinards et laissez-les fondre 2 minutes.

penne aux foies de poulet

Pour **4 personnes**
Préparation **10 minutes**
Cuisson **10 à 15 minutes**

1 **poivron jaune** évidé
  et épépiné
300 g de **penne**
1 c. à s. d'**huile d'olive**
25 g de **beurre**
1 **oignon rouge** émincé
250 g de **foies de poulet**
  parés
1 **brin de romarin** haché
sel et **poivre**
25 g de **parmesan** râpé
  en garniture

Faites griller le poivron sous le gril préalablement préchauffé, la peau vers le haut, jusqu'à ce qu'elle noircisse et se boursoufle. Laissez-le refroidir dans un sac en plastique, puis pelez-le. Détaillez la pulpe en lanières.

Faites cuire les penne dans de l'eau bouillante salée, le temps indiqué sur l'emballage.

Pendant ce temps, faites chauffer l'huile et le beurre dans une grande poêle pour faire dorer l'oignon et les foies de poulet à feu vif. Ajoutez le romarin et le poivron, salez et poivrez. Les foies doivent être rosés au milieu ; trop cuits, ils se dessèchent et durcissent.

Mélangez la préparation aux foies avec les pâtes et servez sans attendre avec le parmesan.

Pour des crostinis aux foies de poulet, préparez les foies et les autres ingrédients comme ci-dessus, mais en coupant le poivron et l'oignon en dés. Au lieu de mélanger la préparation avec des pâtes, répartissez-la sur des tranches de pain grillées, frottées d'ail et arrosées d'huile. Décorez de copeaux de parmesan et servez chaud ou froid.

repas entre amis

poulet épicé au yaourt

Pour **4 personnes**
Préparation **30 minutes**
  + marinade
Cuisson **1 h 20**

1 **poulet** d'1,5 kg
2 à 3 cm de **gingembre**
  émincé
2 petits **piments verts**
1 petit bouquet
  de **coriandre**
  + quelques feuilles
  pour décorer
4 **gousses d'ail** pelées
200 g de **yaourt**
le jus et le zeste râpé
  d'1 **citron**
1 c. à c. de **garam masala**
  et de **curcuma**
1 c. à c. de **graines
  de cumin** pilées
1 c. à c. de **sel**
50 g de **beurre** fondu

Faites 2 ou 3 incisions sur les cuisses et les blancs de poulet avant de les mettre dans un grand sachet congélation. Hachez finement le gingembre, les piments, la coriandre et l'ail à l'aide d'un robot ou d'un couteau. Ajoutez le yaourt, puis le jus et le zeste de citron, les épices, et salez. Versez la préparation dans le sac, fermez-le et laissez mariner au moins 4 heures (au mieux toute la nuit) au réfrigérateur.

Laissez le poulet 1 heure à température ambiante avant de le retirer du sac. Mettez-le dans un plat à rôtir, versez 4 cuillerées à soupe d'eau tout autour et arrosez-le de beurre fondu.

Faites cuire le poulet 1 h 20 dans le four préchauffé à 190 °C, en l'enduisant 1 ou 2 fois de marinade.

Vérifiez la cuisson (voir page 11) avant de dresser le poulet sur un plat de service. Décorez de coriandre et servez avec du riz pilaf.

Pour un chutney de nectarine à servir

en accompagnement, faites revenir 1 oignon rouge haché dans 1 cuillerée à soupe d'huile de tournesol, pendant 5 minutes. Ajoutez 6 gousses de cardamome pilées, 400 g de nectarines en quartiers, 2 cuillerées à soupe de vinaigre de vin rouge, 2 cuillerées à soupe de cassonade et 2 cuillerées à soupe d'eau. Laissez frémir 10 minutes à couvert.

coq au vin

Pour **4 personnes**
Préparation **25 minutes**
Cuisson **1 h 20**

25 g de **farine**
4 **hauts-de cuisses**
   et **pilons de poulet**
2 c. à s. d'**huile d'olive**
375 g d'**échalotes**
   (coupées en deux
   pour les plus grosses)
125 g de **lardons fumés**
2 **gousses d'ail** pilées
4 c. à s. de **cognac**
300 ml de **bordeaux**
200 ml de **bouillon**
   de poule (voir page 10)
2 c. à c. de **purée**
   de tomate
1 bouquet d'**herbes**
   fraîches
   ou un **bouquet garni**
sel et **poivre**

Croûtons à l'ail
25 g de **beurre**
1 c. à s. d'**huile d'olive**
1 **gousse d'ail** pilée
½ **baguette** coupée
   en fines rondelles

Pressez les morceaux de poulet dans la farine avec du sel et du poivre. Faites chauffer l'huile dans une grande cocotte (ou dans une poêle), puis faites dorer le poulet à feu vif. Posez-le sur une assiette.

Faites revenir les échalotes et les lardons jusqu'à ce qu'ils soient dorés, ajoutez l'ail et remettez le poulet dans la cocotte. Versez le cognac et faites-le flamber lorsqu'il commence à bouillonner. Dès que les flammes s'éteignent, versez le vin et le bouillon, puis ajoutez la purée de tomate et les herbes. Salez, poivrez et couvrez la cocotte. Faites cuire 1 h 15 dans le four préchauffé à 180 °C.

Lorsque le poulet est cuit, versez le liquide de la cocotte dans une casserole et laissez-le épaissir 5 minutes à feu vif. Remettez le liquide dans la cocotte.

Faites chauffer le beurre et l'huile dans une poêle pour faire dorer les croûtons des deux côtés, avec l'ail, pendant 1 minute. Servez le coq au vin dans des assiettes creuses, avec les croûtons.

Pour du poulet flambé au calvados et à la pomme, faites dorer le poulet comme ci-dessus, en remplaçant le cognac par 4 cuillerées à soupe de calvados. Remplacez le vin par 300 ml de cidre et la purée de tomate par 1 pomme granny-smith évidée et coupée en quartiers. Continuez comme ci-dessus.

poulet au citron confit

Pour **4 à 5 personnes**
Préparation **20 minutes**
Cuisson **1 h 45**

2 c. à s. d'**huile d'olive**
1 **oignon** finement haché
3 **gousses d'ail**
1 c. à c. de **gingembre
en poudre**
1½ c. à c. de **cannelle
en poudre**
1 grosse pincée
de **filaments de safran**
grillés et pilés
1 **poulet** d'1,75 kg
750 ml de **bouillon
de poule** (voir page 10)
ou d'**eau**
150 g de **grosses olives
noires** (facultatif)
1 **citron confit** coupé
en dés
1 bouquet de **coriandre**
ciselé
1 bouquet de **persil** ciselé
sel et **poivre**

Faites chauffer l'huile dans une poêle pour faire dorer l'oignon à feu doux.

Pendant ce temps, pilez l'ail dans un mortier avec 1 pincée de sel, le gingembre, la cannelle, le safran et un peu de poivre. Ajoutez le mélange dans la poêle et remuez jusqu'à ce qu'il embaume. Enduisez-en le poulet.

Mettez le poulet dans une cocotte et faites-le dorer 2 à 3 minutes à feu doux, en le retournant. Versez le bouillon ou l'eau et portez au point de frémissement. Laissez frémir 1 h 15 à couvert, en retournant le poulet 2 ou 3 fois.

Ajoutez dans la cocotte les olives, le citron, la coriandre et le persil. Faites cuire environ 15 minutes à couvert. Une fois cuit, mettez le poulet sur un plat de service. Penchez la cocotte pour dégraisser la surface, puis versez la sauce sur le poulet. Servez éventuellement avec de la semoule.

Pour un tagine de poulet à la tomate, faites réduire le bouillon ou l'eau de manière à en obtenir 450 ml, et ajoutez 400 ml de tomates concassées en boîte. Laissez frémir à couvert comme ci-dessus. Laissez de côté les olives et le citron. Ajoutez, 5 minutes avant la fin de la cuisson, 75 g de gombos émincés, la coriandre et le persil. Servez avec du riz ou des pains arabes ronds et plats réchauffés.

poulet aux 30 gousses d'ail

Pour **4 personnes**
Préparation **25 minutes**
Cuisson **1 h 30**

4 **cuisses de poulet**
25 g de **beurre**
1 c. à s. d'**huile d'olive**
250 g d'**échalotes**
(coupées en deux
si elles sont grosses)
2 c. à s. de **farine**
200 ml de **vin blanc sec**
200 ml de **bouillon
de volaille** (voir page 10)
2 c. à c. de **moutarde**
3 **têtes d'ail** (une trentaine
de gousses)
1 petit bouquet de **thym**
4 c. à s. de **crème fraîche**
(facultatif)
sel et **poivre**

Faites dorer les morceaux de poulet des deux côtés dans le beurre et l'huile, dans une sauteuse. Mettez-les ensuite dans une grande cocotte.

Faites revenir les échalotes dans la sauteuse. Incorporez la farine, puis ajoutez progressivement le vin, le bouillon et la moutarde. Salez, poivrez et portez à ébullition, en remuant.

Séparez les gousses d'ail, sans les peler, et mettez-les dans la cocotte avec 3 ou 4 brins de thym. Versez la préparation au vin, couvrez et faites cuire 1 h 30 dans le four préchauffé à 180 °C.

Servez avec une purée de pomme de terre, des haricots verts et éventuellement de la crème fraîche.

Pour du poulet aux flageolets, faites dorer le poulet et les échalotes comme ci-dessus, en ajoutant seulement 2 gousses d'ail pilées. Ajoutez le vin, le bouillon, la moutarde. Salez, poivrez, puis ajoutez dans la cocotte, avec le thym, 400 g de flageolets en conserve égouttés. Retirez le thym en fin de cuisson et incorporez 4 cuillerées à soupe de persil ciselé.

poulet mole poblano

Pour **4 personnes**
Préparation **25 minutes**
Cuisson **45 minutes**

1 c. à s. d'**huile de tournesol**
500 g de **poulet** haché
1 **oignon** grossièrement
haché
2 **gousses d'ail** pilées
1 c. à c. de **paprika fumé**
½ c. à c. de **flocons
de piment**
1 c. à c. de **graines
de cumin** pilées
400 g de **tomates
concassées** en boîte
400 g de **haricots rouges**
150 ml de **bouillon
de poule** (voir page 10)
1 c. à s. de **cassonade**
50 g de **chocolat noir**
coupé en menus morceaux
sel et **poivre**

Faites chauffer l'huile dans une casserole pour faire dorer le poulet et l'oignon, en mélangeant bien. Ajoutez l'ail, le paprika, les flocons de piment et les graines de cumin, puis laissez chauffer 1 minute.

Ajoutez les tomates, les haricots, le bouillon, la cassonade, le chocolat, du sel et du poivre. Laissez frémir 45 minutes à couvert, en remuant de temps à autre. Dressez dans des bols.

En guise d'accompagnement du mole poblano,

mélangez ½ oignon rouge finement haché, ½ poivron rouge évidé, épépiné et coupé en dés, la chair d'1 avocat coupée en dés, le jus et le zeste d'1 citron vert, un petit bouquet de coriandre ciselé. Dressez dans un bol de service. Présentez 100 g de tortilla chips dans un deuxième bol et 100 g de gruyère râpé dans un troisième. Laissez les convives se servir pour garnir leur mole poblano.

délices de poulet à l'italienne

Pour **4 personnes**
Préparation **10 minutes**
Cuisson **50 à 55 minutes**

4 **blancs de poulet**
  de 125 g chacun
1 petit bouquet de **sauge**
4 **tranches de prosciutto**
  (jambon sec italien)
4 **tranches de fontina**
  (fromage italien) écroûtées
huile d'olive
sel et **poivre**

Partagez les blancs de poulet en trois, dans le sens de la longueur.

Faites cuire, sur un gril en fonte (ou une poêle ordinaire), 4 morceaux de poulet 5 minutes de chaque côté. Disposez-les sur une plaque de cuisson huilée. Posez quelques feuilles de sauge sur chaque morceau, salez et poivrez.

Partagez les tranches de prosciutto en deux et faites dorer 4 morceaux, 4 minutes de chaque côté. Ajoutez-les sur le poulet. Coupez les tranches de fontina en deux. Couvrez le prosciutto avec la fontina.

Faites griller ou dorer le reste de poulet et de prosciutto. Superposez-les comme précédemment avec le fromage et la sauge, en terminant par le poulet. Faites cuire 5 à 8 minutes dans le four préchauffé à 180 °C, jusqu'à ce que le fromage fonde.

Arrosez d'huile, salez, poivrez et décorez de feuilles de sauge. Servez avec des pâtes au beurre et au poivre.

Pour des délices tricolores, préparez et faites cuire le poulet comme ci-dessus. Ajoutez les rondelles d'1 grosse tomate et 1 petite aubergine, saisies dans 1 à 2 cuillerées à soupe d'huile d'olive. Remplacez la sauge par du pesto. Décorez de feuilles de basilic et de copeaux de parmesan, puis servez avec une salade verte.

poulet strogonoff au xérès

Pour **4 personnes**
Préparation **10 minutes**
Cuisson **8 à 10 minutes**

25 g de **beurre**
2 c. à s. d'**huile de tournesol**
4 **blancs de poulet** émincés
2 **oignons** émincés
1 c. à c. de **paprika**
2 c. à c. de **moutarde douce**
6 c. à s. de **xérès sec** ou **demi-sec**
6 c. à s. d'**eau**
6 c. à s. de **crème fraîche**
sel et **poivre**

Faites chauffer le beurre et l'huile dans une grande poêle pour faire revenir le poulet et les oignons 6 à 7 minutes à feu moyen. Ils doivent être bien colorés.

Incorporez le paprika, la moutarde, le xérès et l'eau. Salez, poivrez et laissez chauffer 2 à 3 minutes avant d'ajouter la crème fraîche. Dressez sur des assiettes et servez avec du riz et des haricots verts.

Pour du poulet strogonoff au fenouil, faites dorer les blancs de poulet émincés dans le beurre et l'huile comme ci-dessus, en remplaçant l'un des oignons par 1 petit bulbe de fenouil émincé. Lorsqu'il est doré, ajoutez la moutarde (mais pas le paprika). Remplacez le xérès par 6 cuillerées à soupe de pastis. Faites-le flamber, puis versez l'eau comme ci-dessus. Laissez chauffer 2 à 3 minutes avant d'ajouter 6 cuillerées à soupe de crème fraîche. Servez sans attendre.

poulet à la kiev

Pour **4 personnes**
Préparation **40 minutes**
  + congélation
  et réfrigération
Cuisson **20 minutes**

125 g de **beurre**
  à température ambiante
2 c. à s. de **ciboulette**
  hachée
1 c. à s. de **persil** ciselé
2 c. à c. d'**estragon** haché
  (facultatif)
1 **gousse d'ail** pilée
2 c. à c. de **jus de citron**
4 **blancs de poulet**
  de 100 g chacun
2 c. à s. de **farine**
125 g de **chapelure**
2 **œufs**
3 c. à s. d'**huile de tournesol**
poivre

Travaillez le beurre avec les herbes, l'ail, le jus de citron et du poivre. Étalez la préparation sur 25 cm de longueur, sur un morceau de film alimentaire ou de papier d'aluminium, puis roulez-la en forme de boudin. Laissez reposer 15 minutes au congélateur.

Pendant ce temps, placez un blanc de poulet entre deux morceaux de film alimentaire. Aplatissez-le avec un rouleau à pâtisserie, tout en veillant à garder la chair intacte, de manière à obtenir un rectangle de 3 mm d'épaisseur. Procédez de même avec les autres blancs.

Coupez le rouleau de beurre d'herbes en 4 portions. Après avoir ôté le film alimentaire, posez-les sur les blancs de poulet. Repliez les blancs de poulet en deux pour enfermer la garniture.

Mettez la farine sur une assiette, la chapelure sur une autre, et battez les œufs dans un saladier. Roulez les blancs dans la farine, plongez-les dans les œufs et enrobez-les de chapelure. Posez-les sur l'assiette à farine et laissez-les reposer au moins 1 heure au réfrigérateur.

Faites chauffer l'huile dans une grande poêle, puis faites dorer les blancs 5 minutes à feu moyen, en les retournant. Posez-les sur une plaque de cuisson et faites-les cuire 15 minutes dans le four préchauffé à 200 °C. Servez avec des pommes de terre nouvelles et du chou rouge braisé.

poulet marocain à la harissa

Pour **4 personnes**
Préparation **20 minutes**
Cuisson **35 minutes**

1 **oignon** finement haché
2 c. à c. de **paprika**
1 c. à c. de **graines
de cumin**
4 **blancs de poulet**
de 125 g chacun
1 bouquet de **coriandre**
ciselé
4 c. à s. de **jus de citron**
3 c. à s. d'**huile d'olive**
sel et **poivre**

Harissa
4 **poivrons rouges**
4 gros **piments rouges**
2 **gousses d'ail** pilées
½ c. à c. de **graines
de coriandre**
1 c. à c. de **graines
de carvi**
5 c. à s. d'**huile d'olive**

Pour préparer la harissa, faites griller les poivrons 15 minutes sous le gril en les retournant de temps à autre (la peau doit noircir et se boursoufler). Mettez les poivrons dans un sac en plastique. Lorsqu'ils sont refroidis, ôtez la peau, le cœur et les graines, et mettez la pulpe dans un mixeur ou un robot.

Procédez de même pour peler, évider et épépiner les piments. Ajoutez la pulpe dans le mixeur ou le robot avec l'ail, la coriandre, le carvi et l'huile. Mixez jusqu'à obtenir une préparation lisse. Si vous n'utilisez pas la harissa aussitôt, disposez-la au réfrigérateur dans un bocal hermétique et versez un peu d'huile d'olive à la surface.

Mélangez l'oignon avec le paprika et le cumin dans un saladier. Frottez les blancs de poulet avec le mélange. Faites cuire le poulet sur un gril en fonte (ou dans une poêle ordinaire) 10 minutes de chaque côté, en le retournant 1 fois.

Mélangez la coriandre avec le jus de citron, de l'huile, du sel et du poivre, dans un saladier. Badigeonnez le poulet de cette préparation. Servez avec du riz et de la harissa.

Vous pouvez servir une **salade d'épinards** en accompagnement : rincez et hachez 400 g d'épinards, puis ajoutez-les dans la poêle sans les essorer. Couvrez et laissez-les fondre 1 à 2 minutes sur le feu. Ajoutez hors du feu 1 gousse d'ail pilée, 100 g de yaourt grec, du sel et du poivre. Réchauffez avant de servir.

lasagnes au poulet et aux champignons

Pour **4 à 6 personnes**
Préparation **45 minutes**
Cuisson **1 h 25**

8 **hauts-de-cuisses
de poulet**
150 ml de **vin blanc sec**
300 ml de **bouillon
de poule** (voir page 10)
quelques **brins de thym**
2 c. à s. d'**huile d'olive**
2 **oignons** émincés
2 **gousses d'ail** pilées
100 g de **champignons
exotiques**
125 g de **champignons
shiitake** émincés
50 g de **beurre**
50 g de **farine**
200 ml de **crème fraîche**
250 g de **lasagnes**
(6 feuilles fraîches)
40 g de **parmesan râpé**
sel et **poivre**

Disposez les morceaux de poulet au fond d'une cocotte. Ajoutez le vin, le bouillon, le thym, du sel et du poivre. Portez à ébullition, puis laissez frémir 45 minutes à couvert, jusqu'à ce que le poulet soit tendre.

Pendant ce temps, faites chauffer l'huile dans une poêle pour faire blondir les oignons 5 minutes. Ajoutez l'ail et laissez chauffer 2 à 3 minutes. Ajoutez les champignons et faites-les sauter 2 à 3 minutes.

Retirez le poulet de la cocotte. Versez le liquide dans un verre-mesureur et allongez-le si besoin avec de l'eau pour en obtenir 600 ml. Faites fondre le beurre dans la cocotte propre, puis incorporez la farine et versez le bouillon. Portez à ébullition, puis laissez épaissir en remuant. Ajoutez la crème fraîche.

Faites tremper les feuilles de lasagne 5 minutes dans de l'eau bouillante. Retirez la peau et les os des hauts-de-cuisses de poulet, puis coupez la chair en dés. Égouttez les feuilles de lasagne.

Versez un peu de sauce au fond d'un plat à gratin, puis posez dessus 2 feuilles de lasagne. Ajoutez la moitié de la préparation aux champignons et la moitié du poulet, couvrez de sauce. Procédez de même avec le reste des ingrédients, en terminant avec les lasagnes et la sauce. Parsemez de parmesan.

Faites cuire 40 minutes dans le four préchauffé à 190 °C, jusqu'à ce que la surface soit dorée.

poulet tandoori

Pour **4 personnes**
Préparation **10 minutes**
   + marinade
Cuisson **16 à 20 minutes**

4 **blancs de poulet**
   de 125 g chacun
4 c. à s. de **pâte**
   ou de **poudre tandoori**
2 **oignons rouges**
   émincés
4 **tomates** coupées
   en fines rondelles
1 bouquet de **coriandre**
   ciselé
4 c. à s. de **jus de citron**
4 c. à s. d'**huile d'olive**
quartiers de citron grillés
   (facultatif) pour décorer
sel et **poivre**

Faites plusieurs incisions dans les blancs de poulet
et frottez-les avec la pâte ou la poudre tandoori.
Laissez-les mariner toute la nuit au réfrigérateur.

Faites chauffer un gril en fonte (ou une poêle ordinaire),
puis faites cuire les blancs de poulet 8 à 10 minutes
de chaque côté, en les laissant noircir légèrement.

Mélangez les oignons, les tomates et la coriandre
avec le jus de citron, l'huile d'olive, du sel et du poivre,
dans un saladier. Servez la salade avec le poulet
tandoori et des quartiers de citron.

Pour du poulet grillé à la harissa, frottez les blancs
de poulet avec 4 cuillerées à café de harissa à la place
de la pâte ou de la poudre tandoori. Laissez mariner,
puis faites cuire comme ci-dessus. Laissez gonfler
5 minutes 200 g de grains de couscous dans 450 ml
d'eau bouillante. Ajoutez 2 cuillerées à soupe d'huile
d'olive, 3 cuillerées à soupe de coriandre ciselée.
Salez, poivrez et servez avec des quartiers de citron.

tourte au poulet et au cidre

Pour **4 personnes**
Préparation **40 minutes**
Cuisson **1 h 20**

8 **hauts-de-cuisses
de poulet**
300 ml de **cidre brut**
300 ml de **bouillon
de poule** (voir page 10)
2 **petits poireaux** fendus,
rincés et émincés
50 g de **beurre**
50 g de **farine**
1 c. à s. d'**estragon** ciselé
2 c. à s. de **persil** ciselé
500 g de **pâte feuilletée**
farine
1 **œuf** battu
sel et **poivre**

Mettez les morceaux de poulet dans une grande casserole, versez le cidre et le bouillon. Salez, poivrez et laissez frémir 45 minutes à couvert.

Réservez le poulet, puis faites cuire les poireaux 4 à 5 minutes à feu doux dans le bouillon. Égouttez-les et versez le bouillon dans un verre-mesureur. Allongez-le si besoin avec de l'eau pour en obtenir 600 ml.

Faites fondre le beurre. Incorporez la farine, puis versez progressivement le bouillon. Portez à ébullition et laissez épaissir la sauce en remuant. Ajoutez les herbes, salez et poivrez.

Coupez le poulet en dés, en jetant la peau et les os. Mettez-le dans un plat à gratin d'environ 1 l avec les poireaux. Versez la sauce dessus.

Abaissez la pâte sur un plan de travail fariné, de manière à obtenir un rectangle plus grand que le plat. Coupez 4 bandes d'1 cm de largeur et appliquez-les sur les bords du plat avec un peu d'œuf. Badigeonnez les bandes d'œuf, puis posez le couvercle de pâte. Taillez l'excédent de pâte et pincez les bords de façon décorative. Découpez des formes de feuilles dans l'excédent de pâte, et appliquez-les sur le dessus.

Badigeonnez d'œuf la pâte, puis faites cuire la tourte 30 minutes dans le four préchauffé à 200 °C.

poulet thaï au curry rouge

Pour **4 personnes**
Préparation **15 minutes**
Cuisson **35 minutes**

3 **échalotes** finement
  hachées
3 **gousses d'ail** pilées
1 c. à s. d'**huile de tournesol**
2 c. à s. de **pâte de curry
  thaïe rouge**
2 c. à c. de **purée
  de galanga** en bocal
400 ml de **lait de coco**
2 c. à c. de **sauce de poisson**
1 c. à c. de **cassonade**
3 **feuilles de kaffir** séchées
6 **hauts-de-cuisses
  de poulet** sans la peau,
  désossés et coupés en dés
feuilles de basilic thaï
  (facultatif)

Faites revenir les échalotes et l'ail 3 à 4 minutes dans l'huile, dans une cocotte. Ajoutez la pâte de curry, la purée de galanga, et laissez chauffer 1 minute. Complétez avec le lait de coco, la sauce de poisson, la cassonade et les feuilles de kaffir, puis portez à ébullition.

Ajoutez le poulet, couvrez et laissez frémir 30 minutes, en remuant de temps à autre. Incorporez les feuilles de basilic avant de servir dans des bols avec du riz.

Pour du poulet thaï au curry vert, préparez le curry comme ci-dessus, en faisant revenir 2 tiges de citronnelle pelées et hachées avec les échalotes et l'ail. Mélangez 2 cuillerées à soupe de pâte de curry thaïe verte, puis le reste des ingrédients. Parfumez avec le jus et le zeste râpé d'1 citron vert, décorez de coriandre.

poulet en croûte de sel

Pour **4 personnes**
Préparation **20 minutes**
Cuisson **2 heures**

3 kg de **sel**
1 **poulet** d'1,5 kg
1 **tête d'ail**
3 à 4 **brins de romarin**
150 ml d'**eau**

Sauce au poivron rouge
4 **poivrons rouges**
   en saumure égouttés
1 c. à s. de **sauce**
   de piment thaïe douce
1 c. à s. d'**huile d'olive**
1 c. à s. de **vinaigre**
   balsamique
poivre noir

Chemisez avec 2 grandes feuilles de papier d'aluminium un plat à four ou un plat à rôtir suffisamment grand pour contenir le poulet et le sel. Couvrez le fond avec une fine couche de sel et posez le poulet dessus. Coupez la tête d'ail en deux, verticalement, puis glissez les deux moitiés à l'intérieur du poulet, avec un brin de romarin. Effeuillez les autres brins et parsemez le poulet de feuilles.

Versez le reste de sel sur le poulet, en relevant le papier d'aluminium pour que le sel enveloppe bien la volaille. Mouillez le dessus du poulet pour répartir régulièrement le sel sur la poitrine. Fermez hermétiquement les bords du papier d'aluminium.

Faites cuire 2 heures dans le four préchauffé à 190 °C. Ouvrez le papier d'aluminium pour casser la croûte de sel.

Pour préparer la sauce, retirez l'une des deux moitiés de la tête d'ail de l'intérieur du poulet, ôtez la peau des gousses et mettez-les dans un robot avec les autres ingrédients. Mixez jusqu'à obtenir une préparation lisse. Éliminez le sel sur le poulet avec un pinceau à pâtisserie avant de le découper. Servez avec la sauce et une salade.

Pour une sauce à l'aïoli, pelez toutes les gousses d'ail et pilez-les dans un mortier avec 1 pincée du sel de cuisson. Mélangez avec 150 g de mayonnaise et assaisonnez avec du poivre noir grossièrement moulu.

poulet à la confiture de piment et de gingembre

Pour **4 personnes**
Préparation **5 minutes**
Cuisson **25 minutes**

4 **blancs de poulet**
   de 125 g chacun
nouilles de riz
   en accompagnement
feuilles de coriandre
   pour décorer

**Confiture de piment
   et de gingembre**
125 g de **piments rouges**
   évidés, épépinés et hachés
1 **gousse d'ail** pilée
1 **oignon** haché
5 cm de **gingembre** pelé
   et haché
125 ml de **vinaigre blanc**
500 g de **sucre**

Pour préparer la confiture de piment et de gingembre, mettez les piments, l'ail, l'oignon et le gingembre dans une petite casserole. Ajoutez le vinaigre et le sucre. Portez à ébullition, puis laissez frémir 15 minutes. La préparation doit être collante et épaissir en refroidissant.

Pendant ce temps, faites chauffer un gril en fonte (ou une poêle ordinaire) pour faire cuire les blancs de poulet 8 à 10 minutes côté peau. Retournez-les et prolongez la cuisson de 8 à 10 minutes. Détaillez ensuite le poulet en lanières.

Dressez le poulet sur un lit de nouilles, ajoutez un peu de confiture et décorez de feuilles de coriandre. Les restes de confiture se conservent 1 semaine au réfrigérateur, dans un récipient hermétique.

Pour une salade de poulet avec une sauce au piment, faites cuire le poulet comme ci-dessus. Mélangez dans un saladier ½ concombre coupé en dés, ½ oignon rouge émincé, 200 g de tomates cerises coupées en deux, 2 cœurs de laitue et 1 petit bouquet de menthe ciselé. Mélangez séparément le jus de 2 citrons verts, 1 cuillerée à soupe de sauce de piment thaïe, 1 cuillerée à soupe de sauce de soja, 1 cuillerée à café de cassonade. Incorporez le poulet dans la salade et assaisonnez avec la sauce.

174

risotto de poulet à l'orge

Pour **4 personnes**
Préparation **15 minutes**
Cuisson **1 h 10**

2 c. à s. d'**huile d'olive**
6 **hauts-de-cuisses
   de poulet** sans la peau,
   désossés et coupés en dés
1 **oignon** haché
2 **gousses d'ail** pilées
200 g de **champignons
   portabella** ou
   de **champignons de Paris**
   émincés
250 g d'**orge perlé**
200 ml de **vin rouge**
1,2 l de **bouillon de poule**
   (voir page 10)
sel et **poivre**
persil ciselé, pour décorer
copeaux de parmesan,
   pour décorer

Faites chauffer l'huile dans une grande poêle pour faire dorer le poulet et l'oignon pendant 5 minutes.

Ajoutez l'ail, les champignons, et faites-les sauter 2 minutes avant d'incorporer l'orge. Versez le vin rouge et la moitié du bouillon. Salez, poivrez et portez à ébullition, en remuant. Laissez frémir 1 heure à couvert, en mouillant si besoin la préparation avec du bouillon.

Dressez sur des assiettes, puis décorez de persil et de parmesan. Servez avec du pain frotté à l'ail et de la salade.

Pour un risotto de poulet au riz rouge, faites dorer le poulet et 1 oignon rouge haché comme ci-dessus. Ajoutez l'ail et remplacez les champignons par 200 g de tomates pelées coupées en dés. Mélangez le tout à 250 g de riz rouge de Camargue, laissez chauffer 1 minute puis versez le vin. Ajoutez 1,2 l de bouillon de poule chaud, au fur et à mesure, en attendant à chaque fois que le liquide soit absorbé. Faites cuire 25 minutes jusqu'à ce que le poulet et le riz soient tendres. Émiettez sur le dessus 125 g de roquefort ou de saint-agur.

poulet frit à la méridionale

Pour **4 personnes**
Préparation **25 minutes**
Cuisson **35 à 40 minutes**

500 g de **patates douces**
   pelées
500 g de **pommes de terre**
   à rôtir épluchées
6 c. à s. d'**huile de tournesol**
1 ½ c. à c. de **paprika fumé**
1 ½ c. à c. d'**origan séché**
1 c. à c. de **moutarde**
   en poudre
1 c. à c. de **flocons**
   de piment rouge
4 c. à s. de **farine**
2 **œufs**
2 c. à s. d'**eau**
125 g de **chapelure**
4 **pilons** et **hauts-de-cuisses**
   de poulet
sel et **poivre**

Détaillez les patates douces et les pommes de terre en frites épaisses. Mélangez dans un saladier 3 cuillerées à soupe d'huile, 1 cuillerée à café de paprika, 1 cuillerée à café d'origan, ½ cuillerée à café de moutarde, ½ cuillerée à café de flocons de piment et du sel. Plongez les frites dans cette sauce.

Mélangez sur une grande assiette le reste de paprika, d'origan, de moutarde, de flocons de piment, du sel et du poivre avec la farine. Battez les œufs avec l'eau dans un saladier, mettez la chapelure sur une autre assiette.

Pressez les morceaux de poulet dans la préparation à la farine, puis dans l'œuf battu, et enfin dans la chapelure.

Faites chauffer le reste d'huile dans une grande poêle pour faire dorer le poulet. Mettez-le dans un plat à rôtir, ajoutez les frites et faites cuire 30 à 35 minutes dans le four préchauffé à 200 °C. Dressez sur des assiettes de service, puis servez avec de la mayonnaise et de la salade.

Pour des escalopes de poulet au fromage, préparez les frites comme ci-dessus, puis mélangez le reste du paprika et des flocons de piment, du sel et du poivre avec la farine. Détaillez 4 blancs de poulet en fines escalopes et enrobez-les de préparation à la farine, d'œuf battu et de 100 g de chapelure mélangée avec 2 cuillerées à soupe de parmesan. Faites frire les escalopes 10 à 12 minutes dans l'huile, jusqu'à ce qu'elles soient dorées.

tagine de poulet qdra

Pour **4 personnes**
Préparation **15 minutes**
Cuisson **2 h 05**

2 c. à s. d'**huile d'olive**
8 **hauts-de-cuisses
de poulet** sans la peau,
désossés et coupés
en gros morceaux
2 **oignons** émincés
2 **gousses d'ail** pilées
2 c. à s. de **farine**
1 l de **bouillon de poule**
(voir page 10)
le jus et le zeste râpé
d'**1 citron**
2 grosses pincées
de **filaments de safran**
1 **bâton de cannelle**
coupé en deux
800 g de **pois chiches**
en boîte égouttés
500 g de **pommes de terre**
coupées en morceaux
persil ou **menthe** hachés
pour décorer
sel et **poivre**

Faites chauffer l'huile dans une sauteuse, puis faites dorer le poulet et les oignons 5 minutes, si besoin en plusieurs fois.

Incorporez l'ail, puis la farine. Ajoutez le bouillon, le jus et le zeste de citron, le safran et la cannelle. Salez et poivrez généreusement, puis portez à ébullition. Mettez dans un plat à tagine ou une cocotte. Ajoutez les pois chiches, les pommes de terre, et couvrez. Faites cuire 2 heures dans le four préchauffé à 180 °C.

Remuez avant d'ajouter les herbes. Dressez dans des bols et servez avec des pitas chaudes.

Pour du poulet au safran et aux légumes, faites réduire le bouillon à 600 ml et ajoutez 400 g de tomates concassées en boîte. Incorporez, 10 minutes avant la fin de la cuisson, 400 g de pois chiches en boîte, 125 g de gombos émincés et 125 g de haricots verts coupés en morceaux.

poulet chinois au citron

Pour **4 personnes**
Préparation **25 minutes**
 + marinade
Cuisson **12 minutes**

4 c. à s. de **Maïzena**
1 c. à s. de **xérès sec**
1 **œuf**
le zeste râpé d'1 **citron**
2 **gros blancs de poulet**
 émincés
6 c. à s. d'**huile de tournesol**
sel et **poivre**

Sauce au citron
2 c. à s. de **Maïzena**
le jus d'1 **citron**
2 c. à s. de **xérès sec**
4 c. à c. de **sucre**
 en poudre
300 ml de **bouillon**
 de poule (voir page 10)
3 **oignons blancs** émincés
sel et **poivre**

Mélangez la Maïzena avec le xérès et l'œuf jusqu'à obtenir d'une préparation lisse. Ajoutez le zeste de citron, du sel et du poivre. Incorporez le poulet et remuez, puis laissez mariner 30 minutes.

Pour préparer la sauce, délayez la Maïzena avec un peu de jus de citron, dans une casserole. Ajoutez le reste de jus de citron, le xérès, le sucre, du sel et du poivre. Mettez la casserole sur le feu et versez progressivement le bouillon. Portez à ébullition, en fouettant jusqu'à obtenir une sauce lisse et épaisse. Ajoutez les oignons hors du feu.

Faites chauffer l'huile dans un wok ou une grande poêle pour faire frire le poulet 4 à 5 minutes, en plusieurs fois. À l'aide d'une écumoire, récupérez le poulet et mettez-le sur un plat recouvert de papier absorbant. Gardez-le au chaud.

Réchauffez la sauce. Dressez le poulet dans des bols garnis de riz et arrosez-le de sauce. Versez le reste de sauce dans un petit saladier pour que les convives puissent se servir à leur guise.

Pour du poulet poivre et sel, ne mettez pas le zeste de citron dans la marinade, mais ajoutez 1 grosse pincée de sel et ½ cuillerée à café de grains de poivre du Sichuan pilés. Faites frire le poulet dans l'huile comme ci-dessus et servez avec une sauce de piment douce.

poulet surprise à l'italienne

Pour **4 personnes**
Préparation **30 minutes**
Cuisson **1 h 30**

1 **poulet** d'1,5 kg désossé
400 g de **saucisses
siciliennes** ou d'autres
saucisses parfumées
(au parmesan
et à la pancetta, par exemple)
4 **oignons blancs**
finement hachés
1 **gros poivron rouge**
en saumure, égoutté
et coupé en dés
75 g de **tomates
séchées à l'huile**,
égouttées et hachées
50 g d'**olives** dénoyautées
et hachées
3 c. à s. de **basilic** haché
50 g de **chapelure**
1 **jaune d'œuf**
1 c. à s. d'**huile d'olive**
ou d'**huile du bocal
de tomates séchées**
sel et **poivre**

Posez le poulet désossé, côté poitrine, sur une grande planche à découper. Régularisez les bords avec un couteau et aplatissez-le.

Fendez les saucisses dans la longueur, ôtez la peau et mettez la chair dans un grand saladier. Ajoutez les oignons, le poivron, les tomates, les olives, le basilic, la chapelure et le jaune d'œuf. Salez et poivrez, puis mélangez. Déposez la farce au milieu du poulet. Rabattez les cuisses, les ailes et la peau sur la farce pour l'enfermer. Ficelez le poulet pour le maintenir en forme de boule.

Pesez le poulet et mettez-le dans un plat à rôtir, la poitrine vers le haut. Arrosez d'huile, salez et poivrez. Couvrez de papier d'aluminium et comptez 20 minutes de cuisson par 500 g, plus 20 minutes, dans le four préchauffé à 190 °C. Retirez le papier d'aluminium 30 minutes avant la fin de la cuisson et arrosez le poulet 1 ou 2 fois avec le jus de cuisson. Il doit être bien coloré (pour vérifier la cuisson, voir page 11).

Laissez refroidir, ôtez la ficelle et découpez en portions. Servez avec une salade.

Pour un poulet surprise aux airelles, remplacez les saucisses parfumées par des saucisses ordinaires. Mélangez la chair avec les oignons hachés, le poivron rouge, la chapelure et le jaune d'œuf, comme ci-dessus. Parfumez avec 3 à 4 cm de gingembre râpé, le zeste râpé d'1 petite orange, 3 cuillerées à soupe de persil ciselé et 50 g d'airelles séchées. Servez chaud avec des pommes de terre rôties.

pastilla de poulet

Pour **6 personnes**
Préparation **40 minutes**
Cuisson **1 h 50**

4 **pilons** et **hauts-de-cuisses
de poulet**
1 **oignon** haché
1 **bâton de cannelle**
coupé en deux
2 à 3 cm de **gingembre**
finement haché
¼ de c. à c. de **curcuma**
600 ml d'**eau**
3 c. à s. de **coriandre**
ciselée
3 c. à s. de **persil** ciselé
40 g de **raisins secs**
40 g d'**amandes mondées**
hachées
4 **œufs**
200 g de **pâte filo**
65 g de **beurre** fondu
sel et **poivre**
sucre glace tamisé
cannelle en poudre

Mettez le poulet dans une grande casserole. Ajoutez l'oignon, la cannelle, le gingembre et le curcuma. Salez, poivrez et couvrez avec l'eau. Laissez frémir 1 heure à couvert. Laissez refroidir le poulet sur une assiette et faites réduire le bouillon d'un tiers pendant 10 minutes à feu vif.

Coupez le poulet en dés, en jetant la peau et les os. Filtrez le bouillon. Jetez le bâton de cannelle, ajoutez les herbes, les raisins secs et les amandes. Fouettez 200 ml de bouillon avec les œufs.

Graissez un moule à parois amovibles de 23 cm de diamètre avec un peu de beurre. Posez une feuille de pâte filo dans le moule, de sorte qu'elle recouvre la moitié du fond et dépasse par-dessus bord. Ajoutez une deuxième feuille en la superposant légèrement à la première, et enduisez-la de beurre fondu. Continuez à ajouter les feuilles de pâte, en les beurrant une sur deux, jusqu'à ce que les deux tiers soient utilisés, et qu'elles forment une bonne épaisseur au fond du plat.

Garnissez avec le poulet, puis couvrez avec le mélange œufs-bouillon. Posez le reste de pâte à la surface, en beurrant les feuilles, et rentrez les bords en les pinçant. Badigeonnez la surface avec le reste de beurre, puis faites cuire 40 à 45 minutes dans le four préchauffé à 180 °C, jusqu'à ce que le dessus soit doré.

Laissez refroidir 15 minutes, démoulez et posez sur une planche à découper. Saupoudrez de sucre glace, de cannelle, et servez chaud.

risotto de poulet

Pour **6 personnes**
Préparation **35 minutes**
Cuisson **2 heures**

1 **poulet** d'1 kg
2 l d'**eau**
2 branches de **céleri**
2 **oignons**
2 **carottes**
3 à 4 c. à s. d'**huile d'olive**
7 c. à s. de **vin blanc**
375 g de **tomates** pelées
    et concassées
500 g de **riz pour risotto**
75 g de **parmesan** râpé
75 g de **beurre** ramolli
1 à 2 c. à s. de **persil** ciselé
    pour décorer
sel et poivre

Désossez le poulet et mettez les os dans une cocotte avec l'eau. Ajoutez 1 branche de céleri, 1 oignon, 1 carotte, du sel et du poivre. Laissez frémir 1 h 30 à couvert. Filtrez le bouillon et gardez-le au chaud.

Pendant ce temps, coupez la chair du poulet en dés, en jetant la peau. Hachez finement le reste de céleri, d'oignon et de carotte. Faites chauffer l'huile pour saisir les légumes hachés. Lorsqu'ils sont légèrement dorés, ajoutez le poulet et faites-le sauter 5 minutes. Versez le vin et remuez jusqu'à ce qu'il soit évaporé.

Ajoutez les tomates, salez et poivrez. Poursuivez la cuisson 20 minutes à feu doux et à couvert, en mouillant si besoin avec du bouillon.

Complétez avec le riz, puis le bouillon louchée par louchée, sans cesser de remuer et en attendant qu'il soit absorbé avant chaque ajout. Continuez à versez le bouillon ainsi pendant 20 minutes, jusqu'à ce que le riz soit crémeux.

Garnissez de parmesan et de beurre hors du feu. Couvrez et laissez reposer quelques minutes. Décorez de persil avant de servir.

poulet au jambon de Parme farci au fromage

Pour **4 personnes**
Préparation **25 minutes**
Cuisson **30 minutes**

4 **blancs de poulet**
 de 150 g chacun
125 g de **fromage à pâte persillée**
50 g de **tomates séchées à l'huile** égouttées
4 **tranches de jambon de Parme**
sel et **poivre**

Ouvrez les blancs de poulet dans le sens de la longueur, de manière à pouvoir les farcir. Coupez le fromage en 4 tranches. Remplissez chaque blanc avec 1 tranche de fromage et 1 ou 2 tomates, selon leur taille. Salez et poivrez l'extérieur des blancs.

Enroulez une tranche de jambon de Parme autour de chaque blanc, puis mettez-les dans un plat à rôtir.

Faites cuire 30 minutes dans le four préchauffé à 200 °C (pour vérifier la cuisson, voir page 11). Coupez les blancs en tranches épaisses ou laissez-les entiers. Dressez-les sur des assiettes et servez avec des brocolis et des pommes de terre.

Pour des cordons-bleus de poulet, ouvrez les blancs de poulet comme ci-dessus, puis remplissez-les avec 125 g de gruyère écroûté, coupé en 4 tranches, et 2 tranches de jambon fumé coupées en 2. Fermez les blancs avec des petites piques en bois, puis faites-les frire 15 minutes dans 25 g de beurre et 1 cuillerée à soupe d'huile d'olive, en les retournant jusqu'à ce qu'ils soient dorés. Déglacez la poêle avec 150 ml de vin blanc ou de bouillon, puis poursuivez la cuisson 3 à 4 minutes. Ajoutez 4 cuillerées à soupe de crème fraîche et retirez les piques en bois avant de servir.

poulet à la purée de piment

Pour **8 personnes**
Préparation **15 minutes**
Cuisson **1 h 45 à 2 h 15**

1 **poulet** de 2 kg
1 **oignon** coupé en quatre
1 **carotte** coupée en rondelles
2 **branches de céleri**
    émincées
4 **baies de genièvre** pilées
1 **feuille de laurier**
4 à 6 **brins de persil**
6 **grains de poivre** pilés
rondelles de courgette
    grillées pour servir
persil ciselé pour décorer
sel

Purée de piment
250 g de **piments**
    en conserve égouttés,
    rincés et hachés
1 c. à s. de **purée de tomate**
2 c. à s. de **chutney**
    de mangue
200 ml de **yaourt**
sel et **poivre**

Mettez le poulet dans une cocotte avec l'oignon, la carotte, le céleri, le genièvre, le laurier, le persil, le poivre et du sel. Couvrez d'eau. Portez à ébullition, puis laissez frémir 1 h 30 à 2 heures à couvert (pour vérifier la cuisson, voir page 11). Laissez le poulet refroidir dans le bouillon. Égouttez-le et essuyez-le. Réservez le bouillon, en jetant le laurier. Retirez la peau du poulet et découpez la chair en tranches.

Pour préparer la purée, mettez les piments dans une casserole avec 2 cuillerées à soupe de bouillon, la purée de tomate et le chutney, puis portez à ébullition. Mixez à l'aide d'un robot ou d'un *blender* jusqu'à obtenir une préparation lisse, puis laissez refroidir. Ajoutez le yaourt et mixez de nouveau. Salez et poivrez.

Dressez le poulet sur un plat et nappez-le de sauce. Décorez de persil avant de servir avec des rondelles de courgette grillées.

Pour des boulettes de poulet à la purée de piment,

mélangez 500 g de poulet haché avec 3 oignons blancs hachés, 2 gousses d'ail pilées, 1 jaune d'œuf, du sel et du poivre. Façonnez 20 boulettes avec la préparation, laissez reposer 30 minutes au réfrigérateur, puis faites dorer 5 minutes dans 1 cuillerée à soupe d'huile de tournesol. Faites cuire 15 minutes dans le four préchauffé à 190 °C. Servez avec la purée de piment comme ci-dessus, du riz et une salade de tomates et d'oignon.

poulet à la citronnelle

Pour **4 personnes**
Préparation **15 minutes**
  + trempage
Cuisson environ **10 minutes**

18 **tiges de citronnelle**
8 **hauts-de-cuisses
  de poulet** désossés,
  sans la peau
1 **gousse d'ail**
2 **feuilles de kaffir**
2 c. à s. de **sauce de soja**
1 c. à s. d'**huile de sésame**
1 **poivron rouge** évidé,
  épépiné et émincé
1 **poivron vert** évidé,
  épépiné et émincé
375 g de **pois gourmands**
2 **pak choï** coupés
  en quatre dans la longueur

Faites tremper 16 tiges de citronnelle 1 heure dans de l'eau et hachez les 2 autres.

Mixez le poulet avec la citronnelle hachée, l'ail, les feuilles de kaffir et la moitié de la sauce de soja, à l'aide d'un robot. Partagez la préparation en 16 portions et enroulez-les autour des tiges de citronnelle.

Mettez les « brochettes » sur une plaque de cuisson, arrosez-les avec la moitié de l'huile et faites-les cuire 4 à 5 minutes sous le gril chaud, en les retournant de temps à autre, jusqu'à ce que le poulet soit doré.

Faites chauffer le reste d'huile dans un wok ou une poêle pour faire sauter les légumes 2 à 3 minutes, puis ajoutez le reste de sauce de soja. Servez les légumes avec le poulet.

Pour du poulet sauté à la citronnelle, émincez 3 blancs de poulet. Hachez finement 2 tiges de citronnelle, l'ail et les feuilles de kaffir. Faites chauffer 2 cuillerées à café d'huile de sésame et 2 cuillerées à café d'huile de tournesol dans un wok pour faire sauter le poulet 6 à 7 minutes. Incorporez la citronnelle hachée, l'ail, les feuilles de kaffir, les légumes, puis prolongez la cuisson 2 à 3 minutes. Lorsque les légumes sont tout juste tendres, versez 2 cuillerées à soupe de sauce de soja, 2 cuillerées à soupe de xérès sec et 4 cuillerées à soupe d'eau ou de bouillon. Portez à ébullition et servez avec du riz frit à l'omelette.

délicieux
poulet rôti

poulet au vermouth

Pour **4 personnes**
Préparation **20 minutes**
Cuisson **1 h 40 à 1 h 50**

1 c. à s. d'**huile d'olive**
200 g d'**échalotes** pelées
   et coupées en deux
2 **tranches de lard fumé**
   coupées en menus
   morceaux
2 **gousses d'ail** pilées
500 g de **petites**
   pommes de terre nouvelles
25 g de **beurre**
1 **poulet** d'1,5 kg
4 **branches de céleri**
   coupées en trois
250 g de **jeunes carottes**
3 **feuilles de laurier**
200 ml de **vermouth sec**
200 ml de **bouillon**
   de poule (voir page 10)
2 c. à s. de **persil** ciselé
   pour décorer
sel et **poivre**

Faites chauffer l'huile dans une grande cocotte, puis faites revenir les échalotes et le lard 3 à 4 minutes à feu moyen. Lorsqu'ils commencent à dorer, ajoutez l'ail, les pommes de terre, et faites-les sauter jusqu'à ce qu'ils se colorent légèrement. Mettez sur un plat.

Faites fondre le beurre dans la cocotte pour faire dorer le poulet uniformément, en le retournant. Remettez les légumes sautés dans la cocotte. Ajoutez le céleri, les carottes et le laurier, salez et poivrez.

Versez le vermouth et le bouillon, puis portez à ébullition. Couvrez et faites cuire 1 h 15 dans le four préchauffé à 190 °C. Arrosez le poulet avec le jus de cuisson, puis poursuivez la cuisson 20 à 30 minutes, jusqu'à ce que le poulet soit doré (pour vérifier la cuisson, voir page 11).

Dressez le poulet sur un plat, sortez les légumes de la cocotte avec une écumoire et disposez-les autour du poulet. Couvrez de papier d'aluminium et gardez au chaud. Faites réduire le jus de cuisson de moitié 5 minutes à feu vif, puis versez-le dans une saucière. Décorez les légumes de persil. Découpez le poulet et servez avec la sauce.

Pour du poulet au cidre et à la moutarde, remplacez l'ail et le vermouth par 200 ml de cidre brut et 2 cuillerées à café de moutarde. Continuez comme ci-dessus.

poulet rôti farci au citron

Pour **4 à 5 personnes**
Préparation **35 minutes**
Cuisson **1 h 30**

1 **poulet** d'1,75 kg
100 g de **fromage frais**
3 c. à s. d'**huile d'olive**
25 g de **citron confit**
  égoutté, épépiné
  et finement haché
25 g de **basilic**
  et de **persil** ciselés
3 **gousses d'ail** pilées
675 g de **petites**
  pommes de terre
  nouvelles grattées
250 g de **carottes** épluchées
125 g de **mini-épis de maïs**
200 g de **petites asperges**
  épluchées
200 ml de **vin blanc sec**
200 ml de **bouillon**
  de poule (voir page 10)
sel et **piment de Cayenne**

Retirez la ficelle du poulet et réservez-la. Incisez légèrement la peau dans la partie supérieure d'un blanc. Glissez un doigt dans l'incision et soulevez la peau délicatement tout autour, sans la déchirer. Procédez de même à la base du blanc pour décoller complètement la peau, et continuez le long de la cuisse. Procédez de même de l'autre côté du poulet.

Mélangez le fromage frais avec 1 cuillerée à soupe d'huile, le citron, les herbes, l'ail, du sel et du piment de Cayenne. Prélevez de petits morceaux de farce avec un couteau à bout rond et glissez-les sous la peau. Répartissez la farce uniformément.

Mettez le poulet dans un plat à rôtir et reconstituez sa forme en replaçant la ficelle autour des pattes et du croupion. Couvrez de papier d'aluminium huilé, puis faites cuire 50 minutes dans le four préchauffé à 190 °C. Arrosez le poulet avec le jus de cuisson et couvrez de nouveau. Ajoutez les pommes de terre, les carottes et le reste d'huile (sans les couvrir de papier d'aluminium). Poursuivez la cuisson 30 minutes, en retournant les légumes 1 fois. Retirez le papier d'aluminium du poulet, arrosez-le, puis ajoutez le maïs et les asperges. Faites cuire 10 minutes jusqu'à ce que les asperges soient tendres.

Dressez sur un plat. Versez le vin et le bouillon dans le plat à rôtir et portez à ébullition sur le feu, en grattant les sucs caramélisés. Salez, poivrez, versez dans une saucière et servez avec le poulet.

poulet rôti aux épices

Pour **4 personnes**
Préparation **20 minutes**
Cuisson **1 h 20 à 1 h 30**

1 **poulet** d'1,5 kg
3 c. à s. d'**huile d'olive**
1 c. à c. de **graines
de fenouil** pilées
1 c. à c. de **graines
de cumin** pilées
1 c. à c. de **flocons
de piment rouge**
1 c. à c. d'**origan séché**
½ c. à c. de **cannelle**
625 g de **petites
pommes de terre
nouvelles**
2 **échalotes**
finement hachées
2 **gousses d'ail** pilées
150 g de **haricots verts fins**
le jus d'1 **citron**
200 ml de **bouillon
de poule** (voir page 10)
1 petit bouquet
de **coriandre** ou de **persil**,
ou un mélange des deux,
ciselé
sel et **poivre**

Mettez le poulet dans un grand plat à rôtir et arrosez-le avec 2 cuillerées à soupe d'huile. Mélangez les graines, le piment, l'origan et la cannelle avec du sel et du poivre. Répartissez la moitié du mélange sur le poulet.

Couvrez le poulet de papier d'aluminium, puis faites-le cuire 40 minutes dans le four préchauffé à 190 °C. Retirez le papier et arrosez-le avec le jus de cuisson. Ajoutez les pommes de terre dans le plat et enrobez-les de jus. Poursuivez la cuisson 40 à 50 minutes à découvert, en arrosant et en retournant les pommes de terre 1 ou 2 fois, jusqu'à ce qu'elles soient dorées. Couvrez de nouveau le poulet si les épices commencent à brûler.

Pendant ce temps, faites chauffer le reste d'huile dans une petite casserole pour faire revenir les échalotes et l'ail 5 minutes. Ajoutez le reste des épices et laissez chauffer 1 minute. Blanchissez les haricots verts 5 minutes dans une casserole d'eau bouillante. Égouttez-les, puis incorporez-les dans le mélange aux échalotes, avec le jus de citron.

Lorsque le poulet est cuit (voir page 11), mélangez la préparation aux haricots verts avec les pommes de terre. Versez le bouillon et portez à ébullition sur le feu. Décorez d'herbes, découpez le poulet et servez.

poulet rôti aux légumes épicés

Pour **4 personnes**
Préparation **30 minutes**
Cuisson **1 h 20**

1 **poulet** d'1,5 kg
2 c. à c. de **graines
de coriandre**
1 c. à c. de **graines
de fenouil**
1 c. à c. de **graines
de cumin**
2 c. à s. d'**huile d'olive**
½ c. à c. de **curcuma**
½ c. à c. de **paprika**
2 **navets**
2 **grosses carottes**
2 **patates douces**
1 **gros oignon**
8 **gousses d'ail** non pelées
feuilles de coriandre
   pour décorer

Sauce
2 c. à s. de **farine**
450 ml de **bouillon
de poule** (voir page 10)

Mettez le poulet dans un grand plat à rôtir. Pilez les graines et mettez-les dans un grand sachet congélation avec l'huile, le curcuma et le paprika. Secouez le sachet pour bien mélanger les ingrédients. Étalez un peu de ce mélange sur la poitrine du poulet, puis couvrez-le de papier d'aluminium.

Faites cuire le poulet 1 h 20 dans le four préchauffé à 190 °C.

Coupez les légumes en gros morceaux, mettez-les dans le sachet et secouez vigoureusement. Ajoutez-les dans le plat au bout de 20 minutes de cuisson du poulet, en coinçant quelques gousses d'ail entre la poitrine et les cuisses. Mélangez le reste de l'ail avec les légumes, puis faites cuire 1 heure, en retournant les légumes au bout de 30 minutes (retirez le papier d'aluminium en même temps).

Dressez le poulet et les légumes sur un grand plat et gardez au chaud. Décorez de coriandre.

Dégraissez le jus de cuisson avant de le mélanger à la farine. Pour préparer la sauce, mettez le plat à rôtir sur le feu et laissez chauffer 1 minute en remuant. Versez progressivement le bouillon, puis portez à ébullition. Filtrez dans une saucière et servez aussitôt avec le poulet découpé et les légumes.

poulet rôti à la sauge et à l'oignon

Pour **4 personnes**
Préparation **30 minutes**
Cuisson **1 h 30 à 1 h 40**

12 **tranches de lard fumé**
16 **saucisses cocktail**
1 **oignon** haché
1 c. à s. d'**huile de tournesol**
1 petit bouquet de **sauge**
 + quelques feuilles
 pour décorer
150 g de **chapelure**
le zeste râpé d'1 **citron**
1 **œuf** battu
1 **poulet** d'1,5 kg
25 g de **beurre**
sel et **poivre**

Sauce
2 c. à s. de **farine**
450 ml de **bouillon**
 de poule (voir page 10)
sel et **poivre**

Coupez 8 tranches de lard en deux, enroulez chaque moitié autour d'une saucisse et réservez.

Faites blondir l'oignon 5 minutes dans l'huile. Hachez finement quelques feuilles de sauge, de manière à en recueillir 2 cuillerées à soupe. Mélangez-les avec l'oignon, la chapelure, le zeste de citron, l'œuf, du sel et du poivre. Façonnez 8 boulettes avec deux tiers de cette farce et glissez le reste à l'intérieur du poulet. Mettez le poulet dans un plat à rôtir, couvrez la poitrine avec les autres feuilles de sauge. Salez, poivrez, beurrez, puis étalez le reste de lard à la surface.

Couvrez le poulet de papier d'aluminium et faites-le cuire 1 heure dans le four préchauffé à 190 °C. Retirez le papier, arrosez le poulet, ajoutez les boulettes et les saucisses au lard dans le plat. Poursuivez la cuisson 30 à 40 minutes à découvert, jusqu'à ce que le poulet soit doré (pour vérifier la cuisson, voir page 11).

Dressez le poulet, les boulettes et les saucisses sur un plat et gardez au chaud. Dégraissez le jus de cuisson. Mettez le plat sur le feu et versez la farine. Laissez chauffer 1 minute avant de verser progressivement le bouillon. Portez à ébullition, puis laissez épaissir en remuant. Salez, poivrez et filtrez dans une saucière. Décorez de feuilles de sauge avant de servir avec des pommes de terre rôties.

coquelets en crapaudine aux légumes du soleil

Pour **4 personnes**
Préparation **30 minutes**
  + marinade
Cuisson **40 minutes**

le jus et le zeste râpé
  de 2 **citrons**
7 c. à s. d'**huile d'olive**
4 **gousses d'ail** pilées
4 **coquelets** aplatis
  en crapaudine (voir page 15)
1 petit bouquet de **thym**
4 **courgettes** coupées
  en rondelles épaisses
2 **oignons rouges** coupés
  en quartiers
1 **poivron rouge** évidé,
  épépiné et coupé
  en morceaux
1 **poivron jaune** évidé,
  épépiné et coupé
  en morceaux
sel et **poivre**

Mélangez le jus et le zeste de citron avec 4 cuillerées à soupe d'huile, l'ail, du sel et du poivre. Mettez les coquelets dans un grand plat, répartissez dessus la moitié des feuilles de thym et versez la préparation au citron. Couvrez de film alimentaire, puis laissez-les mariner au moins 2 heures au réfrigérateur (si possible toute la nuit), en les retournant 1 ou 2 fois.

Enfoncez une brochette en métal dans chaque cuisse, jusqu'à l'aile opposée. Mettez les coquelets dans un grand plat à rôtir et arrosez-les avec le reste de marinade. Mettez tous les légumes dans un autre plat à rôtir avec le reste d'huile, de thym, puis faites cuire 40 minutes dans le four préchauffé à 190 °C. Retournez les légumes, arrosez les coquelets et retournez-les à mi-cuisson pour qu'ils dorent uniformément (pour vérifier la cuisson, voir page 11). Dressez sur des assiettes et servez avec de la ciabatta (pain italien) chaude.

Pour des coquelets en crapaudine à la sauce de soja, mélangez le jus et le zeste râpé d'1 citron jaune avec le jus et le zeste râpé d'1 citron vert, 2 cuillerées à soupe de miel liquide, 2 cuillerées à soupe de sauce de soja foncée et 4 cm de gingembre râpé. Laissez mariner les coquelets dans ce mélange, puis faites-les cuire comme ci-dessus, mais remplacez les légumes par de la salade et des pommes de terre nouvelles.

blancs de poulet au lard

Pour **2 personnes**
Préparation **20 minutes**
Cuisson **45 minutes**

400 g de **pommes de terre
à rôtir** épluchées
et coupées en morceaux
1 c. à s. d'**huile d'olive**
400 g de **courge butternut**
débarrassée de son écorce,
épépinée et coupée
en morceaux
1 **navet** épluché
et coupé en quartiers
2 **blancs de poulet**
de 150 g chacun
4 **tranches de lard**
2 **feuilles de laurier**
2 **gousses d'ail**
coupées en deux
200 ml de **bouillon de poule**
(voir page 10)
sel et **poivre**

Faites cuire les pommes de terre 5 minutes dans
une casserole d'eau bouillante. Pendant ce temps,
versez l'huile dans un plat à rôtir et faites-la chauffer
5 minutes dans le four préchauffé à 200 °C.

Égouttez bien les pommes de terre puis mettez-les
dans le plat à rôtir avec la courge et le navet.
Enfournez pour 15 minutes.

Salez et poivrez les blancs de poulet avant d'enrouler
2 tranches de lard autour de chacun. Retournez
les légumes, puis ajoutez le poulet, le laurier et l'ail.
Faites cuire 25 minutes jusqu'à ce que les légumes
soient dorés (pour vérifier la cuisson, voir page 11).

Dressez le poulet et les légumes sur des assiettes.
Versez le bouillon dans le plat et portez à ébullition,
en grattant les sucs caramélisés. Salez, poivrez et
faites bouillir 2 minutes. Versez dans une saucière,
puis servez avec le poulet et les légumes.

Pour un poulet rôti au gratin dauphinois,
préparez le poulet comme ci-dessus. Faites cuire 375 g
de pommes de terre coupées en rondelles pendant
4 minutes dans de l'eau bouillante. Égouttez-les
et mettez-les dans un plat à four avec ½ oignon
émincé, 2 gousses d'ail pilées du sel et du poivre.
Versez 150 ml de crème fraîche et répartissez 15 g
de beurre à la surface. Faites cuire environ 30 minutes
au-dessus du poulet, jusqu'à ce que les pommes
de terre soient dorées.

coquelets rôtis à l'orange

Pour **4 personnes**
Préparation **15 minutes**
Cuisson **50 minutes**

4 **coquelets**
4 c. à s. d'**huile d'olive**
4 **brins de romarin**
1 **grosse orange** coupée
   en 8 quartiers
2 **oignons rouges** coupés
   en quartiers
100 g d'**olives noires**
   et **vertes** marinées
2 **petits bulbes de fenouil**
   coupés en morceaux
4 **tranches de lard**
300 ml de **bouillon de poule**
   (voir page 10)
sel et **poivre**

Mettez les coquelets dans un grand plat à rôtir, arrosez-les avec ½ cuillerée à soupe d'huile. Salez, poivrez, et répartissez les feuilles de romarin sur le dessus.

Pressez les quartiers d'orange au-dessus des coquelets, puis glissez un quartier à l'intérieur de chacun. Ajoutez le reste des quartiers pressés dans le plat avec les oignons, les olives et le fenouil.

Posez le lard sur la poitrine des coquelets, versez le bouillon au fond du plat et arrosez les légumes avec le reste d'huile.

Faites cuire 50 minutes dans le four préchauffé à 190 °C, en arrosant les coquelets et en retournant les légumes 1 fois pendant la cuisson (pour la vérifier, voir page 11). Dressez sur des assiettes et servez avec du pain.

Pour des coquelets rôtis aux tomates et au pimenton, mettez les coquelets dans un plat à rôtir avec l'huile, du sel, du poivre et le romarin, comme ci-dessus. Ajoutez 2 oignons rouges coupés en quartiers, puis 300 g de tomates cerises coupées en deux, 2 gousses d'ail pilées et ¼ de c. à c. de pimenton (paprika fumé) à la place de l'orange, des olives et du fenouil. Remplacez le bouillon par 6 cuillerées à soupe de vin rouge et 2 cuillerées à soupe de vinaigre balsamique. Salez, poivrez, puis faites cuire comme ci-dessus.

coquelets en crapaudine aux herbes

Pour **2 personnes**
Préparation **10 minutes**
Cuisson **25 à 30 minutes**

2 **coquelets** préparés en
crapaudine (voir page 15)
1 c. à s. d'**huile d'olive**
fleurs de ciboulette
pour décorer (facultatif)
sel et **poivre**

Beurre d'herbes
50 g de **beurre** ramolli
1 c. à s. de **ciboulette**
ciselée
1 c. à s. de **persil**
ou de **cerfeuil** ciselé
1 c. à s. de **fenouil** haché
le zeste râpé d'½ **citron**
1 c. à c. de **jus de citron**
sel et **poivre**

Pour préparer le beurre d'herbes, travaillez le beurre
avec la ciboulette, le persil ou le cerfeuil, le fenouil,
le jus et le zeste de citron, du sel et beaucoup
de poivre.

Salez et poivrez les coquelets sur les deux faces avant
de les enduire d'huile. Faites-les cuire 25 à 30 minutes
sous le gril, sur un gril en fonte ou au barbecue, en
les retournant plusieurs fois (pour vérifier la cuisson,
voir page 11).

Dressez les coquelets sur des assiettes, nappez-les
de beurre d'herbes et décorez éventuellement
de fleurs de ciboulette.

**Pour des coquelets en crapaudine au beurre
de bleu et de piment**, mélangez 50 g de beurre
avec 50 g de fromage à pâte persillée émietté
et ¼ à ½ piment rouge doux, épépiné et finement
haché. Préparez les coquelets et poursuivez la recette
comme ci-dessus.

2 plats
en 1

soupe de poulet aux épinards

Pour **6 personnes**
Préparation **15 minutes**
Cuisson **35 minutes**

1 c. à s. d'**huile de tournesol**
25 g de **beurre**
4 **tranches de lard fumé**
2 **petits poireaux** émincés
(blanc et vert séparés)
750 g de **pommes de terre**
coupées en dés
1 l de **bouillon de poule**
(voir page 10)
150 à 200 g de **poulet cuit**
coupé en dés
600 ml de **lait demi-écrémé**
150 ml de **crème fraîche**
100 g d'**épinards** rincés
grossièrement hachés
noix de muscade râpée
sel et **poivre**

Faites chauffer l'huile et le beurre dans une grande casserole, puis faites dorer le lard, les morceaux de blanc de poireau et les pommes de terre 5 minutes à petit feu.

Versez le bouillon, portez à ébullition et laissez frémir environ 20 minutes à couvert. Lorsque les pommes de terre sont tout juste tendres, ajoutez le poulet et faites bouillir 3 minutes à feu vif.

Ajoutez les morceaux de vert de poireau, le lait et la crème fraîche. Salez, poivrez, puis laissez frémir 5 minutes avant d'incorporer les épinards et un peu de muscade. Laissez fondre les épinards 2 minutes.

Dressez dans des bols, saupoudrez de muscade et servez avec du pain grillé.

Pour une soupe de poulet au lard et au céleri,

remplacez les poireaux par 1 oignon haché et les pommes de terre par du céleri. Faites dorer le lard comme ci-dessus. incorporer le poulet, puis faites cuire comme ci-dessus. Ajoutez la crème fraîche et la muscade, mais remplacez les épinards par 2 cuillerées à soupe de ciboulette ciselée.

poulet et nouilles au lait de coco

Pour **4 personnes**
Préparation **15 minutes**
Cuisson **20 minutes**

1 c. à s. d'**huile de tournesol**
1 **oignon** finement haché
2 à 3 cm de **gingembre**
    râpé
2 **gousses d'ail** pilées
1 c. à s. de **pâte de curry**
    rouge thaïe
400 ml de **lait de coco**
150 ml de **bouillon**
    de poule (voir page 10)
3 c. à c. de **sauce**
    de poisson
150 à 200 g de **poulet cuit**
    détaillé en lanières
300 g de **légumes spécial**
    wok cuits
400 g de **nouilles aux œufs**
1 petit bouquet
    de **coriandre**

Faites chauffer l'huile dans une casserole pour faire dorer l'oignon avec le gingembre et l'ail. Ajoutez la pâte de curry, puis versez le lait de coco, le bouillon de poule et la sauce de poisson.

Portez à ébullition, ajoutez le poulet et laissez frémir 15 minutes à couvert. Incorporez les légumes et laissez chauffer 2 minutes. Ajoutez les nouilles, la coriandre ciselée, et laissez sur le feu jusqu'à ce que les nouilles soient cuites.

Dressez dans des bols et servez avec des baguettes (ou des cuillères et des fourchettes).

Pour du poulet au lait de coco et aux légumes verts, remplacez les nouilles et les légumes par 300 g de pak choï en lanières, de haricots verts et de brocoli en morceaux. Faites cuire 4 à 5 minutes, puis dressez dans des bols et servez avec du riz.

bouillon de poulet épicé

Pour **4 personnes**
Préparation **15 minutes**
Cuisson **45 minutes**

1 c. à s. d'**huile de tournesol**
1 **oignon** haché
2 **petites pommes de terre**
  coupées en dés
2 **carottes** coupées en dés
2 **petits navets** coupés en
dés
1 c. à c. de **curcuma**
1 c. à s. de **pâte de curry**
  douce
100 g de **lentilles corail**
1,2 l de **bouillon de poule**
  (voir page 10)
100 à 150 g de **poulet cuit**
  coupé en dés
sel et **poivre**
1 petit bouquet
  de **coriandre** pour décorer

Faites chauffer l'huile dans une casserole pour faire blondir l'oignon. Ajoutez les autres légumes et faites-les revenir 2 à 3 minutes. Ajoutez le curcuma et la pâte de curry, puis les lentilles et le bouillon.

Incorporez le poulet, salez, poivrez et portez à ébullition. Laissez frémir 40 minutes à couvert, en remuant de temps à autre, jusqu'à ce que les légumes et les lentilles soient tendres.

Dressez dans des bols et décorez de feuilles de coriandre ciselées. Servez avec des naans (pains indiens) chauds.

Pour un bouillon de poulet à l'orge, faites blondir l'oignon comme ci-dessus. Ajoutez les pommes de terre, les carottes et 1 seul navet, ainsi que 125 g de rutabagas coupés en dés. Laissez de côté le curcuma, la pâte de curry, les lentilles, mais incorporez 100 g d'orge perlé. Ajoutez le bouillon et le poulet comme ci-dessus. Salez, poivrez et laissez frémir environ 1 heure à couvert, jusqu'à ce que l'orge soit tendre. Décorez de persil ciselé.

paella au poulet et au chorizo

Pour **4 personnes**
Préparation **20 minutes**
Cuisson **25 minutes**

2 c. à s. d'**huile d'olive**
1 **gros oignon** haché
150 g de **chorizo**
    pelé et coupé en dés
2 **gousses d'ail** pilées
1 **poivron rouge** évidé,
    épépiné et coupé en dés
1 **poivron orange** évidé,
    épépiné et coupé en dés
4 **tomates** coupées en dés
200 g de **riz blanc**
    long grain
1 grosse pincée
    de **paprika fumé**
1 grosse pincée
    de **filaments de safran**
125 à 200 g de **poulet cuit**
    coupé en dés
600 à 750 ml de **bouillon**
    de poule (voir page 10)
100 g de **petits pois**
75 g d'**olives marinées**
3 c. à s. de **persil** ciselé

Faites chauffer l'huile dans une grande poêle pour
faire revenir l'oignon et le chorizo. Lorsque l'oignon
est légèrement coloré, ajoutez l'ail, les poivrons,
les tomates, et faites-les sauter 2 à 3 minutes.

Mélangez le riz avec les légumes, puis ajoutez le paprika,
le safran et le poulet. Versez la moitié du bouillon.
Portez à ébullition en remuant et laissez frémir 20 minutes
à couvert, en mouillant si besoin avec un peu de bouillon.

Incorporez les petits pois, les olives, et laissez sur
le feu jusqu'à ce que les petits pois soient cuits.
Décorez de persil avant de servir.

Pour un jambalaya de poulet, faites revenir l'oignon
avec 150 g de lard détaillé en menus morceaux.
Ajoutez l'ail, les poivrons et les tomates avant d'incorporer
le riz. Remplacez le paprika et le safran par 1 cuillerée
à café d'épices cajuns. Incorporez le poulet, versez
le bouillon, et laissez frémir jusqu'à ce que le poulet
soit tendre. Ajoutez, à la fin, 100 g de gombos émincés
avec les petits pois, à la place des olives.

pilaf de poulet aux lentilles

Pour **4 personnes**
Préparation **15 minutes**
Cuisson **30 à 35 minutes**

1 c. à s. d'**huile d'olive**
1 **oignon** haché
2 à 3 **gousses d'ail** pilées
1 c. à c. de **graines
de cumin** pilées
2 c. à c. de **graines
de coriandre** pilées
½ c. à c. de **cannelle**
400 g de **tomates
concassées**
600 à 750 ml de **bouillon
de poule** (voir page 10)
2 c. à c. de **cassonade**
100 g de **lentilles vertes**
100 g de **riz complet**
100 à 150 g de **poulet cuit**
coupé en dés
1 petit bouquet de **menthe**
ou de **coriandre** ciselée
pour décorer
50 g de **pistaches**
coupées en deux
pour décorer
sel et **poivre**

Faites chauffer l'huile dans une casserole pour faire blondir l'oignon. Ajoutez l'ail, les épices, et laissez chauffer 1 minute avant d'y mélanger les tomates, 600 ml de bouillon et la cassonade. Incorporez les lentilles, le riz et le poulet. Salez, poivrez et portez à ébullition. Laissez frémir 30 à 35 minutes à couvert jusqu'à ce que le riz et les lentilles soient tendres, en mouillant si besoin avec le reste de bouillon.

Dressez le pilaf dans des assiettes. Décorez d'herbes et de pistaches avant de servir.

Pour un pilaf de poulet au boulgour, faites revenir l'oignon et l'ail comme ci-dessus. Laissez de côté les graines de cumin et de coriandre. Remplacez la cannelle par 1/4 de cuillerée à café de poivre de la Jamaïque. Mélangez les tomates, le bouillon, la cassonade, du sel et du poivre comme ci-dessus. Incorporez ensuite 200 g de boulgour, 400 g de haricots blancs en boîte égouttés, et 100 à 150 g de poulet cuit coupé en dés. Laissez frémir 20 minutes à couvert. Décorez de persil ciselé.

salade de poulet à l'avocat

Pour **4 personnes**
Préparation **15 minutes**

125 g de **mayonnaise**
2 c. à s. de **chutney
de mangue**
le jus et le zeste râpé
d'1 **citron vert**
2 **avocats** pelés
et coupés en dés
4 **oignons blancs** émincés
¼ de **concombre** coupé
en dés
125 à 150 g de **poulet cuit**
coupé en dés
2 **cœurs de laitue**
40 g de **feuilles de salade
mélangées**
1 petit bouquet de **coriandre**

Mélangez la mayonnaise, le chutney de mangue
et le zeste de citron dans un grand saladier. Mélangez
séparément le jus de citron avec les avocats, avant de
les ajouter à l'assaisonnement. Incorporez les oignons,
le concombre, le poulet, puis remuez délicatement le
tout.

Dressez les cœurs de laitue sur 4 assiettes
et ajoutez les autres feuilles de salade. Couvrez
avec la préparation au poulet et décorez de feuilles
de coriandre avant de servir.

Pour une salade Waldorf au poulet, mélangez
la même quantité de mayonnaise avec le zeste râpé
d'½ citron jaune. Mélangez séparément le jus de citron
avec 2 pommes golden évidées et coupées en dés.
Ajoutez les pommes à l'assaisonnement avec 40 g
de raisins de Smyrne, 4 branches de céleri émincées
grossièrement et 125 à 150 g de poulet cuits coupé
en dés. Servez sur des feuilles de salade, comme
ci-dessus, en laissant de côté la coriandre.

feuilletés de poulet au fromage et au chutney de tomate

Pour **9 personnes**
Préparation **30 minutes**
Cuisson **20 minutes**

100 g de **poulet cuit**
  coupé en dés
75 g de **tomates**
  coupées en dés
50 g de **maïs**
3 c. à s. de **chutney
  de tomate**
50 g de **gruyère râpé**
500 g de **pâte feuilletée**
farine
1 **œuf**

Mélangez le poulet avec les tomates, le maïs, le chutney de tomate et deux tiers du fromage.

Abaissez la moitié de la pâte feuilletée sur un plan de travail fariné et rognez les bords pour obtenir un carré de 30 cm de côté. Badigeonnez d'œuf, puis déposez dessus, à intervalles réguliers, 9 petits tas de garniture.

Abaissez le reste de pâte en forme de carré légèrement plus grand que le premier, et posez-le sur celui-ci. Appuyez délicatement autour des tas de garniture, puis découpez 9 carrés. Mettez-les sur une plaque de cuisson huilée.

Dorez la surface des feuilletés avec un peu d'œuf battu et parsemez du reste de fromage. Faites cuire 20 minutes dans le four préchauffé à 200 °C, jusqu'à ce que les feuilletés soient gonflés et dorés. Servez chaud ou froid, avec une salade.

Pour des feuilletés de poulet au fromage

et aux épinards, mélangez le poulet cuit avec 100 g de fromage frais à l'ail et aux fines herbes et 150 g d'épinards. Ajoutez du sel, du poivre et un peu de noix de muscade râpée. Abaissez la pâte, répartissez la garniture dessus, puis continuez comme ci-dessus.

taboulé de poulet au curry

Pour **4 personnes**
Préparation **15 minutes**

200 g de **couscous moyen**
50 g de **raisins de Smyrne**
2 c. à c. de **pâte
de curry douce**
450 ml d'**eau bouillante**
2 **tomates** coupées en dés
½ **poivron vert**, **jaune**
ou **rouge** évidé, épépiné
et coupé en dés
½ **oignon rouge**
finement haché
1 petit bouquet de **coriandre**
ciselé
40 g de **noix de coco**
râpée légèrement grillée
125 à 175 g de **poulet cuit**
coupé en dés
le jus et le zeste râpé
d'1 **citron vert**
3 c. à s. d'**huile de tournesol**
sel et **poivre**

Mettez le couscous, les raisins et la pâte de curry dans un grand saladier. Couvrez d'eau bouillante et remuez. Laissez reposer 5 minutes.

Aérez le couscous avec une fourchette avant d'ajouter les tomates, le poivron, l'oignon, la coriandre, la noix de coco et le poulet.

Mélangez le jus et le zeste de citron avec l'huile et un peu de sel et de poivre. Ajoutez au couscous et remuez. Dressez dans des assiettes et servez sans attendre.

Pour un taboulé de poulet au citron et à la menthe, remplacez la pâte de curry par 2 cuillerées à café de harissa. Ajoutez ½ poivron vert évidé, épépiné et coupé en dés, 4 oignons hachés, 50 g de pistaches hachées et 3 cuillerées à soupe de menthe et de persil ciselés, plus le poulet, comme ci-dessus. Préparez un assaisonnement avec le jus et le zeste râpé d'½ citron, 3 cuillerées à soupe d'huile d'olive, du sel et du poivre.

mini frittatas au poulet et au brocoli

Pour **12 pièces**
Préparation **15 minutes**
Cuisson **15 minutes**

250 g de **brocoli**
  détaillé en bouquets
huile
125 à 150 g de **poulet cuit**
  coupé en dés
6 **œufs**
125 ml de **lait**
40 g de **parmesan** râpé
sel et **poivre**

Blanchissez le brocoli 3 minutes dans une casserole d'eau bouillante, puis égouttez-le dans une passoire. Huilez 12 alvéoles de moules à muffins avant de les remplir avec le brocoli et le poulet.

Battez les œufs avec le lait et le parmesan. Salez et poivrez généreusement, puis versez la préparation sur le brocoli et le poulet.

Faites cuire 15 minutes dans le four préchauffé à 190 °C, jusqu'à ce que les frittatas soient gonflées et dorées. Décollez-les des parois des alvéoles pour les démouler et servez avec une salade de tomates.

Pour des frittatas au poulet, aux lardons et à l'oignon rouge, faites chauffer 1 cuillerée à soupe d'huile d'olive dans une poêle, puis faites dorer 5 minutes 125 g de lardons et 1 oignon rouge émincé. Ajoutez 125 à 150 g de poulet cuit coupé en dés, et faites-le sauter jusqu'à ce qu'il soit bien chaud. Battez les œufs avec le lait, salez et poivrez. Versez 1 cuillerée à soupe d'huile dans la poêle et versez la préparation aux œufs. Faites cuire jusqu'à ce que le dessous soit doré, puis poursuivez la cuisson sous le gril chaud. Découpez en portions avant de servir.

annexe

table des recettes

déjeuners légers

dîners faciles

repas entre amis

délicieux poulet rôti

2 plats en 1

découvrez toute la collection

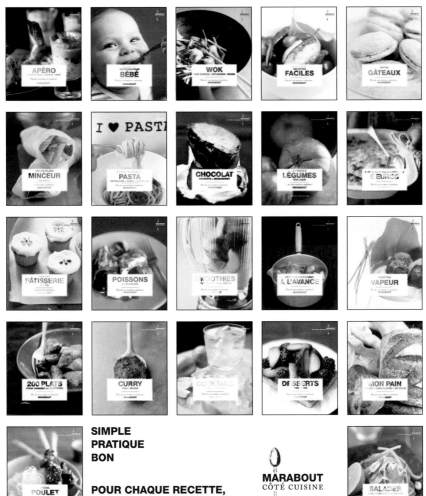

SIMPLE
PRATIQUE
BON

POUR CHAQUE RECETTE,
UNE VARIANTE
EST PROPOSÉE.

MARABOUT
CÔTÉ CUISINE